問いの編集力

思考の「はじまり」を探究する

安藤昭子
Akiko Ando

Discover

生涯の師、松岡正剛に捧ぐ

はじめに――なぜ「問い」を「問う」のか

はじまりの不思議

何かの発生の現場は、たいてい薄ぼんやりとした神秘に包まれている。宇宙はどうやって生まれたのか、生命はどこから来たのか、人はなぜ神を創造したのか、あのアイデアはどこから生まれたのか、この戦いのはじまりには何があったのか……。自明となっているものの「最初の最初」を考えることは、思うほど簡単なことではない。根気強く藪をかき分けて、絡まりあった蔓《つる》をたどっていくような、端っこを見つけたかと思うと見失う、時に気の遠くなるような作業でもある。

理化学研究所と編集工学研究所の共同事業に「科学道100冊」というプロジェクトがある。科学者の生き方や考え方、科学の面白さや素晴らしさを、「科学道」という言葉とその精神を表現する100冊の書籍に託して、広く人々に届けることを目的に実施されたものだ。理化学研究所の100周年を記念してスタートし、現在も続いている。

100冊の構成を組み立てるにあたって、科学者の思考プロセスをモデル化し、6つの見出しにした。「1.はじまりは疑問、2.果てしない収集、3.導かれたルール、4.めくるめく失敗、5.まるで魔法、6.未来のはじまり」というものだ。疑問にはじまって、未来のはじまりに抜け出る。多くの科学者へのインタビューを経て、編集工学の視点を重ねて導いた探究思考のプロセスである。

「科学道100冊」は当初、書店や図書館のフェアとして展開されたが、徐々に学校の先生方からも注目をいただくようになった。ある先生から「6つのプロセスは、まさに子どもたちに伝えたい探究のプロセスです」というコメントとともに、こんなことを尋ねられた。「最初の〝はじまりは疑問〟は、どうするとはじまるのでしょう？」。――しばらく考え込んでしまった。そして結局、答えられなかった。

人はなぜ疑問を抱くのか？　その疑問が追いかけるに足るものとして、一部の人に持続するのはどうしてか？　科学者はなぜ、「はじまりは疑問」に入っていけるのか？

ひとりの先生の何気ない問いかけをきっかけに、「疑問のはじまり」を紐解いていくという宿題が残ってしまった。以来、「人はいかにして問うのか？」という「問い」が、私の中の消えない問いになった。

「答え方」は練習したけど「問い方」がわからない

そうしている間にも、学習指導要領に本格的に「探究学習」が入り、文部科学省から探究のプロセスモデルが提示された。「①課題の設定→②情報の収集→③整理・分析→④まとめ・表現」というものだ。「①課題の設定」はむろん「はじまりは疑問」であり、一番の難題だ。「疑問のはじまり」への解が出ないままだった私は、先生方はどうされているのだろう？　と現場の困惑を考えて、なんともジリジリするような気持ちになった。

「科学道100冊」に注目してくださった数人の先生方にお話をうかがいにいくと、やはり「①課題の設定」が探究プロセスのボトルネックになっているという話だった。探究への好奇心を突き動かすような「課題」を、決まった授業時間で生徒の中から引き出すのは至難の業だ。半ばあてがわれた課題をあてがわれた手順に沿って進める「やらされ探究」

文部科学省【総合的な学習の時間編】中学校学習指導要領（平成29年告示）解説
https://www.mext.go.jp/component/a_menu/education/micro_detail/__icsFiles/afieldfile/2019/03/18/1387018_012.pdf より
最初の「課題の設定」にあたるステップには、「日常生活や社会に目を向け、生徒が自ら課題を設定する」とある。さらっと書かれているが、ここが難題なのだ。

探究における生徒の学習の姿

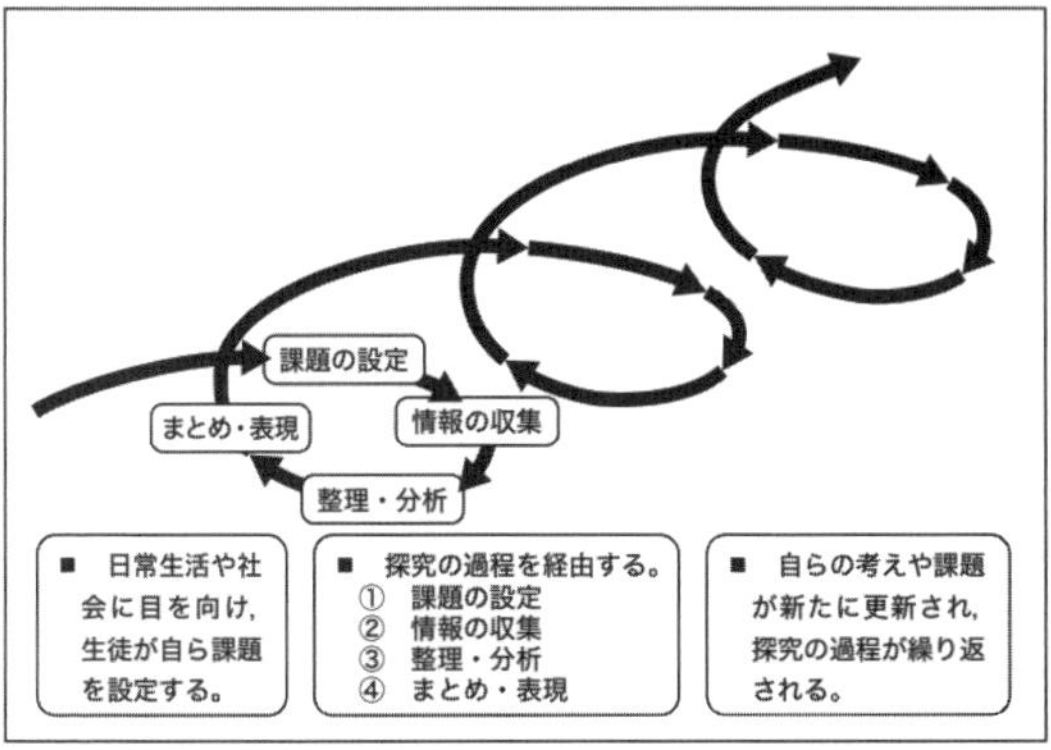

になってしまっている、という声も聞こえてきた。

探究学習が学校に浸透していくちょうどその頃、ビジネスの現場でも「自律型人材の育成」や「課題解決力から課題発見力へ」といったことがさかんに言われるようになった。編集工学研究所は企業の人材育成や組織開発のお手伝いをすることが多いのだが、ここでもやはり「はじまりは疑問」が問題になっていた。「答え方はさんざん練習してきたけど、問い方を学んでこなかった」。ある企業の人事担当の方がふとこぼされた言葉に、いよいよ考え込んでしまった。

「いかに問うか」ということが、子どもから大人まで共通の、しかも切実な課題になっている。「問う」とは、その人の知性や経験や勇気が投影されるすぐれて知的な営みであり、時に自分や世界を大きく動かすエネルギーになりうる。「問う力」が必要であることは多くの人が共有し始めているのに、肝心な「問い方」がわからない。なぜ「問う」ことは難しいのか？　小さい頃は「なんで？」「どうして？」の問いにあふれていたのに、大人になって問えなくなるとしたら、何が邪魔をしているのか？「問い」はどこからどうやって生まれてくるのか？「問い」の発生現場の謎を、編集工学を手すりに探ってみようと思った。

日々の活動の中で、自らを動かしてやまない問いが内発する状態、内発した問いが連鎖していく環境を、どうつくったらいいのか。高校の先生向けのメディア『キャリアガイダンス』（リクルート進学総研 発行）で、この「問い」の問題について連載する機会をいただいた。問いの発生についてのおおまかな仮説のもとに「問いの編集工学」と題して始めたこの連載は、一部の熱心な先生方によって探究型授業のプログラムの下敷きにもしていただいた。ただ、連載の中では書ききれなかったこと、当時はまだうまく言葉につながっていなかったことなど、心残りが多々あった。本書は、連載当時の仮説をもとにしつつ、ほぼ一から構成を見直して、あらためて書き進めたものだ。

「問う」ことが仕事になる時代

本書は「問い」に関する本ではあるが、「場を動かす問いをうまく設計しよう」といったワークショップ運営の指南書ではない。「お題をどうつくるか」という設問設計やファシリテーションのためのノウハウ本でもない。「問いはいかに生まれてくるのか」という、自分の中から「内発する問い」とその発生のメカニズムについて、人間の編集力に重ねて考えてみたものだ。

米『WIRED』誌の創刊編集長を務め、その卓見から「ビジョナリー（予見者）」とも称されるケヴィン・ケリー（1952-）は、これからの世界において人間に残された創造性は「問う」ことにある、と断言する。

今後は、「常に問い続ける」という一種の練習や習慣が、人間にとって最も基本的であり最も価値のある活動になっていくだろうと思います。（略）正しいことを問うていく、ということに価値が生まれます。それがイノベーションと呼ばれるものだし、探索やサイエンス、創造性だったりするわけです。人の仕事は問いを投げかける、そして不確実性を扱うというものになっていくと思います。

『5000日後の世界すべてがAIと接続された「ミラーワールド」が訪れる』
ケヴィン・ケリー（PHP研究所）

「問う」ことが仕事になる時代、私たちはどうその力を呼び覚ましたらいいのだろうか。

「問い」と「編集力」

「問い」はなんであれ、内面の了解と外側の世界のズレから生じるものだ。既知（すでに知っていること）と未知（まだ知らないこと）が踵《きびす》を接するところに問いのタネが潜んでいるのだとすれば、誰にも問うべき事柄は際限なくあるはずなのだ。ただ、与えられた問いに首尾よく答え続けるうちに、自分の内側から湧き出る問いは「問うまでもないこと」として処理される。そうして、問いの芽吹きがおこる柔らかな領域にはいつしか固く蓋がされてしまう。

「問う」という行為をつきつめて考えていけば、それは「情報」を「編集」することにほかならない。

ここで言う「情報」とは、IT（Information Technology）におけるデジタルデータのような狭義の「情報」ではない。スマホに届くニュースや今の気分、信号が変わるタイミングや道行く人々の服装、季節の匂いから家族のふとした表情まで。私たちは常にありとあらゆる「情報」に囲まれていて、日々それらを「編集」しながら生きている。

「問いの編集力」は、こうした誰もが備え持つ「編集力」によって、その人ならではの内発する「問い」を引き出していこうとする試みであり、本書はその思考のプロセスを取り出してみたものだ。情報を編集する営みであるかぎり、そこには必ず「方法」がある。一人ひとりの中から「問いという情報」が引き出されるには、どういった編集の過程をたどるといいだろうか。

本書では、問いが生まれ出るプロセスを4つのフェーズで考えた。第1章〜第4章で、ざっと次のような構成になっている。「はじまりは疑問」にいたるまでの道筋を描いたものと思っていただくといい。

「問い」の土壌をほぐす：Loosening（第1章）
「問い」のタネを集める：Remixing（第2章）
「問い」を発芽させる：Emerging（第3章）
「問い」が結像する：Discovering（第4章）

「問い」は、必ずしも自発的なものとは限らず、多くの場合なにかに誘われるように生まれてくるものである。自分と自分を取り囲む環境とのあいだに、相互作用する柔らかな力を感知できるようになることも、「問いの編集力」には大変に重要な技能となるはずだ。右記の4つのプロセスは、この道筋をたどる過程で問う力が自然と呼び覚まされるよう、物事（生命など）の発生と分化のプロセスも多少意識しながら組み立てた。

道中には、あえて回り道・脇道・寄り道をたくさん埋め込んである。内発する問いは、目的だけに向かう一直線の道にはなかなか生まれない。子どもがまっすぐ前だけを向いては歩かないように、問う者の思考はたいてい、周りの景色に気を取られながら左見右見《とみこうみ》と試行錯誤を経ていくものだ。

順に進む4段階ではあるが、「問い」の道筋にあるノイズや余白ごと楽しんでいただければと思う。読み進めながら「いったい何の話だったっけ？」という気持ちになったら、脇道や寄り道を遊びながら小さな問いの筋力を鍛えていると思っていただきたい。

第5章では、そうした道のりを改めて振り返りながら、「問いの編集力」の奥を支えてくれている先達の知にさらに分け入ってみた。ここまで来ると、人間の「問い」が持つ神聖な力を感じてもらえることと思う。「ホモ・クァレンス（Homo Quaerens：問う人）」としての「私」に、出会い直していただけるかもしれない。

これから一冊をかけてみなさんと巡っていく「問いの編集力」とは、「問いを引き出す編集力」であり、「問いに宿る編集力」であり、また「問いの姿をした編集力」であるとも言える。「問い」と「編集力」のあいだにある「の」の役割は、本書がたどる文脈と読者一人ひとりの見方に応じて移ろうことと思う。いずれにしても、人間だけに許された「問う」という知的営みを、一人ひとりに内在する編集力によってアップデートするプロジェクトであると思っていただきたい。

それでは早速、「問いの編集力」の道に分け入っていこう。

第2章

Remixing

「問い」のタネを集める

第3章
Emerging

「問い」を発芽させる

第4章

Discovering

「問い」が結像する

第 1 章

Loosening

「問い」の土壌をほぐす

探究心に火をつける「問い」は、
「そういうもの」という思い込みの隙間に埋まっている。
知らずしらずのうちに固まってしまった
認識の枠組みをはずしてみると、
無数の問いがうごめいていることに気がつくだろう。
まずは思考の土壌を柔らかく掘り起こして、
好奇心が芽吹く環境を準備しておこう。

section index

「私」から自由になる

内面の準備

「私」の想像力や可能性を
縛りつけている敵の正体は、
往々にして「私」だったりする。
「私」は「私」から
自由になれるのだろうか？

想像力の土壌

子どもの頃、庭に春が来るといつも服が泥だらけになった。陽を集めて少し温かくなった地面に寝そべっては、久しぶりに再会する虫たちをじろじろと眺めていたからだ。この時期を「啓蟄《けいちつ》」と呼ぶことを大人になってから知って、日本語の季節を捉える微細なセンサーに感激したものだ。「啓」は「ひらく」という意味で、「蟄」は虫が土に隠れている様を指す。三月のはじめ、冬籠りの虫たちが地中から這い出る頃を告げる二十四節気のひとつで、春の訪れを表す季語でもある。高浜虚子に「啓蟄の蟻が早引く地虫かな」という句があるが、温んだ土から顔を出した虫たちの互いに驚き合う忙しない様子は、頰杖をついて眺めていたあのミクロ世界そのままだ。カレンダーにこの文字をみるたびに、泥だらけの服と土の匂いを思い出す。

一握りの土には、何億・何兆もの微生物が棲んでいるという。豊かな芽吹きをもたらす土壌を支えているのは、この目には見えない無数の小さな生き物たちらしい。アメリカの地質学者デイビッド・モントゴメリー（1961-）は、無節操な化学肥料の導入がいかに土の本来の力を殺し、それが土地全体にどういった副作用をもたらすかということについて、文明論の観点から警鐘を鳴らす。目先の生産量を追うあまりに、土が自ら植物を育てる力を根こそぎ奪ってしまうというのだ。ひいてはそれが、人間の生活環境をも脅かし、さまざまな土地で致命的な文明の危機をもたらしてきたという。

多様な微生物と根気よく共生することが、土壌を肥えさせ、実りをもたらし、回り回って人間の生活環境を豊かにしていくのだと、モントゴメリーは言う。ミミズや細菌などの微生物が、ザワザワと土を攪拌し有機物を分解して「生きた土」を保つ。植物がよく育つ土の中は、動物・植物あわせた生き物たちの、とても複雑な持ちつ持たれつの関係が成立しているのだ。

人間の想像力も、これに似ている。自覚できないほどの微細で複雑な記憶の群れが、今この瞬間も刻々と進む思考を支えているのだ。思考が「生きた」状態を保つためには、一見何の役に立つのかわからないようなイマジネーションの断片が自由に動き回っていたほうがいい。冬の虫たちのように、記憶の奥底で出番を待つ雑多な知識や断片的なイメージの群れもあるだろう。自ら問う力は、たくさんの思考や記憶のかけらの複雑なつながり合いの中から芽吹いてくる。

目先の目的に気を取られていると、そうした内側の豊かな世界を忘れて、単線的で合理的な思考が優先されてしまう。土を生かすことよりも、即効性のある肥料ばかりが欲しくなり、「そのうちに芽吹く可能性」を自ら摘んでしまう。「すぐに役に立つ」ものが「すぐに役に立たなくなる」という現象は、これによる。役に立たないだけならいいが、悪くすれば考える土壌の力そのものを奪ってしまうのだ。

問う力を育む「生きた土壌」を手に入れて、その力を保つには、何から手を付ければいいだろう。日頃意識しない領域であるだけに難しいが、まずは「私」という強固な枠組みをゆるませる必要がある。というのも、考える主体としての「私」は、常に何かの目的にさらされていて、無駄を省きたがる。「私」の想像力の幅を狭めているのは、他でもない「私」であることが多い。

ふと湧いた好奇心やちょっとした違和感、取るに足らない好みや妙にひっかかる記憶など、合理性のもとでは捨てられてしまいかねない雑多な思考のかけらを伸び伸びとさせてやることが、想像力の土壌には大事なのだ。

そうした微かなゆらぎは私たちの内側で常に起こっているはずなのだけれど、学校や職場や家庭で何らかの役割に徹するうちに、社会的文脈の膜に覆われて見えなくなってしまう。整合性のとれた一貫した自己として社会を生きる中で、自分の内側にある複雑さや意外性が隠されてしまうのだ。

「私」を柔らかくほぐし、ゆるませ、外気を入れ、雑多なセンサーが動く状態にしておくことだ。想像力における「啓蟄」は、何にでもなれる柔らかな「私」に気がついたときに、ふいに訪れる。「私」はもともと、「たくさんの私」なのだということを、思い出しておこう。

「たくさんの私」を解き放とう

人間の体は、約60兆個の細胞からできている。それらの細胞が複雑にネットワークしあって個体としての秩序を保っているのだが、大きな病気にでもかからないかぎり、細胞たちの働きに思いをめぐらすことはないだろう。複雑系研究の第一人者であるスチュアート・カウフマン（1939-）は、生命にはこうした自発的秩序がいたるところで発生していて、驚くべき「自己組織化」の表現として私たちは存在しているという。

さらにその細胞の中を見れば、全長2メートルにも及ぶ生命の設計図としてのDNAが格納されていて、酵素ネットワークの中で情報の転写が行われている。細胞は常に入れ替わり、「私」と呼んでいるこの体は、のべつ幕なしに更新されている。この生命体それ自体が、大量の情報から成る「たくさんの私」なのだ。

そこに、込み入ったニューロンやセロトニンといった神経を司る物質群、子どもの頃の思い出や昨日の感情といった記憶の倉庫、家族や社会での役割といった属性的な自己像の群れまで、幾層もの「私」が玉ねぎ状に包み合っている。それら「たくさんの私」の束を仮説的にひとくくりにしているのが、日頃私たちが「私」と感じている自己意識なのだ。このように複雑な「私」が、さして混乱もせずに「私」でいられることのほうが不思議にも思えてくる。

「たくさんの私」が共存しているのであれば、当然「私」の中に矛盾も亀裂も吹き出てくる。それらは面倒くさい問題のようでもあるけれど、実はその「ギャップ」にこそ、自分を前に進める問いの可能性が潜んでいるのだ。

古典文学からアイドルグループまで、人々の心を動かす物語には、必ずや何かしらの「意外性＝ギャップ」が仕込まれている。古来、「ギャップ萌え」は人間の活力を引き出すトリガーになってきた。

物事を大きく変化させ動かしていくのは、常に落差やズレ、矛盾や葛藤だ。場面に応じて「よくできている自分」「よくやれている私」だけが、「私」でなくていい。おぼつかなさや心もとなさ、不甲斐なさや割り切れなさを抱えて、何かを思う自分自身にこそ「ギャップ萌え」をしたほうがいい。そのためにはまず、「整合性のとれた一貫した私」という幻想から脱すること、そして「たくさんの私」を自由にしてやることだ。

まだ世界と自分が未分化だった子どもの頃、「私」は何にでもなれた。蟻の親友の日もあれば、虫の断末魔に見入る残忍な研究者にもなる。木や花の気持ちの代弁者にもなれば、おもちゃの国で王様として振る舞う日もあった。自分でもつかまえきれていない、何にでもなれる「たくさんの私」が潜む領域が、大人になった今でも必ずやどこかで息を潜めている。

ではここで、「たくさんの私」に出会い直す練習をしてみよう。

練習問題

01 「たくさんの私」を取り出す

次のルールで「たくさんの私」を書き出す。「私は○○○な×××である」という構文を、最低20個、できれば30個。

「×××」は名詞、「○○○」はそれを修飾する言葉。いずれも、同じものを2回使ってはいけない。(制限時間10分)

タイマーを置いて時間を区切って、高速に思考を動かすのがおすすめだ。最初の5〜10個はたいてい社会的な属性が出てくる。「私は口うるさい母親である」「私は付き合いのいい同僚である」など。「父／母」「娘／息子」「会社員」「隣人」「納税者」「買い物客」……。これだけでも、自分がたくさんの顔を持っていることに気がつくけれど、大事なのはここから。こうした表層的な属性情報を使いきったあとは、好みや価値観などの内面的特徴も引っ張り出される。「私は手際にこだわるシェフである」「私はビールに目がない辛党である」など。これも言い尽くしたとなれば、あとは自分を何かにたとえて表現する「見立て」や「メタファー」を持ち出さざるをえなくなる。「私は遅れっぱなしの腕時計である」「私は水が嫌いな魚である」。こうなるとだんだん〝私っぽさ〟が現れてくる。自分を表現できそうなものを探して、そこにピタッと来る修飾語をつけてみよう。「私は夕焼けが悲しい三歳児である」「私は饒舌な多細胞生物である」などなど、自分の内側に分け入ったり、生物としての自己を捉えてみてもいい。言葉になりにくい、けれどどこかに潜んでいる「たくさんの私」が顔を出し始めるはずだ。

編集力を身につけるオンラインスクール「イシス編集学校」（運営：編集工学研究所）では、この「たくさんの私」に早いタイミングで取り組む。情報を編集するにあたっては、「私」を「たくさんの私」にしておくことが、何をおいても大切なのだ。

「たくさんの私」を実感できたら、考える土壌はもうほぐれ始めている。その土壌に活力をもたらすために、次は「たくさんの私」を入れ替えたり束ねたりしながら、ザクザクと攪拌していこう。息を潜めていた「私」のかけらたちを、動かしてやるのだ。

主語より述語に強くなる

「たくさんの私」は、文脈に応じて顔つきを変えている。『24人のビリー・ミリガン』（ダニエル・キイス）のような多重人格ならずとも、多重多層な「私」の織り合わせが、便宜上「私」と認識しているものの正体だ。自信のない自分も、意気揚々の自分も、破綻することなく「私」でいてくれる。

精神病理学者の木村敏（1931-2021）氏は、「〝私〟とはなにか」を解くなかで、自己には「主語的自己」と「述語的自己」の両面があると言っている。常に変わることなく「私」であり続ける「主語的自己」がある一方、日頃は意識していないが何かの拍子に現れてくる「述語的自己」もある。前者は「私は〜である」という主語になりうる私（「私はビールに目がない辛党である」）、後者は「〜は私である」という述語になりうる私（「ビールに目がない辛党は、私である」「夕焼けが悲しい三歳児もまた、私である」）だ。そして、一見安定した不変の同一性を持っているように思われる主語的な「私」は、実のところこのおぼつかない述語的な私の束を認知しないと「私」として成立しえないのだと言う。言われてみれば、そのとおりだ。

哲学者の西田幾多郎（1870-1945）は、人間の存在のあり方をめぐって「述語的論理」を提起した。アリストテレス以来、西洋的自己は「主語となって述語とならない」ものを実体と捉える。西田はこの「主語的論理」をひっくり返して、「述語となって主語とならない」もの、主語を包み込む述語群のほうを実体であるとした。「モノの論理」に対する「コトの論理」とも言える。「私は○○○な×××である」の「○○○な×××である」が「私」を包んでいる、という見方だ。

子どもは、ワンワン（犬）やブーブー（車）といった自分のまわりにあるもの、あるいはマンマ（ご飯・食べる）やネンネ（眠い・寝る）といった自分の内面から押し寄せているものを言葉にして反復しながら、次々と「あたし」「ぼく」という自己を認知していく。次第に周囲との関係性の中で「主語的自己」の基盤をつくっていき、それを「私」という同一性として理解するようになるのだ。

娘がまだよちよちあるきだった頃、こんなことがあった。ある日台所から「イーーーーーーッ！」という娘の奇声が聞こえた。これまで聞いたことのない声にぎょっとして駆け寄ると、上を向いて体をこわばらせ、耳をつんざくような声で「イーーーーーーッ！」と叫び続けている。ひきつけでも起こしたのかと半ばパニックになりながら「どうしたの?!」と肩をつかむと、「やかん」とひとこと、満足そうに言った。目線の先を見ると、コンロの上にやかんがある。……そうか、やかんになっていたのか。娘が物の名前をはっきりとしゃべった最初の瞬間だった。あまりの脱力感と状況のおかしさに、しばらく笑ってしまって立ち上がれなかったことを覚えている。このとき娘は、自分と「やかん」でまるごとひとつの世界だったのだと思う。前述の西田幾多郎が言うところの「主客未分」の状態だ。西田は、子どもが生きている世界を「それは未だ主もなく客もない、知識とその対象とが全く合一して居る」と言う。子どもはやがて、一つひとつ言葉にして世界と自分を区別しながら、だんだんと「私」とその周りという世界像を獲得していく。「私という主」と「世界という客」は、言語の獲得にともなってこうしてひとつの世界から分離していくのだ。

けれどその「私」というもの、どこまでいっても指差し確認できる類いのものではないということは、前述の通りである。思春期の疼《うず》きから大人の「自分探し」まで、この所在の知れない「私」を追い求める旅は、『青い鳥』のチルチルとミチルのように、当初の探しものには出会えずじまいになることが多い。むしろその過程で獲得する述語的ネットワークによって、次の「私」らしきものが育っていくといえる。古今東西の文学や音楽や映画やアニメが、幾度となく描いてきた光景だ。スタジオジブリの名作『千と千尋の神隠し』は、湯婆婆に名前を取り上げられた「千」が、いくつもの試練を経ながら自分でもまだ見ぬ「千尋」になっていく物語だった。名前という主語を失い多様な述語的世界に巻き込まれる中で、自己を再生成していくような旅路が描かれていた。

編集力では、「述語的自己」をめっぽう重視する。「主語的」な問いは、往々にして編集の可能性を狭めるからだ。たとえば「男は度胸、女は愛嬌」といったときに、「男」はどうだ、「女」がなんだを追求していこうとすれば、あっという間にジェンダー問題の制限の中に入っていく。昨今の炎上現象は、社会全体がこうした主語の動向ばかりを気にしすぎているることに起因しているようにも思う。「愛嬌」ってなんだ、「度胸」はどうだと考えていくと、その風景はアイドルにも極道にもゆるキャラにもアスリートにもなっていく。その上で、「男」や「女」が視界の一角に入ってくればいい。

編集は、ものごとの可能性を広げていく行為である。「私」とはなにかを定義するよりも、「私は〇〇な×××である」の「〇〇〇」や「×××」を次々と自分の中に発見していくほうがいい。練習問題01の「たくさんの私」で出会い直したような述語的ネットワークによって、「私」は常に「次の私」への可能性に向かって開かれている。

そこで取り出した「たくさんの私」の「〜である」の群れこそが、述語的自己だ。その風景を面白がりながら、「私」の述語的ネットワークを束ね直して動かしてみよう。

練習問題

02 「私」にまつわる「意味のシソーラス」

書き出した「たくさんの私」のセンテンスの中から、「キーワード」と思える言葉にマルをつける。「キーワード」は、ピンとくる、好き、目に留まる、気になる、どんな基準でもかまわない。マルをつけた「キーワード」を取り出して、その周りに連想される言葉「ホットワード」を書き出そう（いくつでも）。これを2〜3セット書き出してみるといいだろう。

こうしてできていく「私」にまつわる「意味のシソーラス」、つまりは「キーワード」

と「ホットワード」の組み合わせから、「たくさんの私」の一部を表現するような新しい言葉「ニューワード」をつくっていく。そういえば、そんな自分もいたな、と思う言葉に出会えたら成功だ。

私の場合は、「手際にこだわるシェフ」と「遅れっぱなしの時計」という言葉が気になったので、この周りに連想される言葉（ホットワード）を書き出してみた。

キーワード：手際にこだわるシェフ
↓ホットワード：段取り、整理整頓、ちゃっちゃと、厨房、職人、ざっくり、丁寧
キーワード：遅れっぱなしの時計
↓ホットワード：直さない、慣れ、世間とズレる、アリス、のんびり、せかせか

自分の奥のほうにあるなんとも雑然とした「たくさんの私」が「意味のシソーラス」として浮かび上がってくる感じは、くすぐったくも少し気持ちがいい。眺めているうちに、ふと「厨房のアリス」という言葉が浮かんだ。いつまでたっても料理が仕上がらないような、仕上げる目的すら忘れて手元の仕事に熱中していそうな、厨房を愛する忙しない少女の像

が降りてきた。たったひとつのフレーズだけど、どこかに姿を隠していた自分に再会したような気持ちもする。ラジオネームで「厨房のアリス」と名乗ってみたら、ちょっとおもしろいハガキが書けそうだ。

「意味のシソーラス」を広げるこの「キーワード・ホットワード・ニューワード」の展開は、編集工学研究所がクライアントのコピーワークをする際にもよく使う方法なのだが、これを「私」を素材にやってみるのだ。いわく言い難い〝らしさ〟をつかまえるのに、効果的な方法である。

このいくつかのニューワードを「俳号」や「ペンネーム」のようにして、ものを考えたり書いたりコミュニケーションしてみてもいいだろう。江戸時代のクリエイターたちはたくさんの名前をもって創作活動をしたという。日本人は古来、「たくさんの私」を遊ばせることで豊かな文化をつくってきた。「独立したひとりの私」という西洋的自己が、そのゆるく雑多な自己感覚を上書きするようになって、「整合性のとれた私」が幅を利かすようになったのだ。

新しく引き出されたペンネーム（ニューワード）同士は、必ずしも整合性のとれた情報ではないはずなので、自分の奥に隠れている思わぬ「ギャップ」も発見するはずだ。

60兆の細胞が複雑にネットワークしあって生命の秩序を保っているように、土と微生物が持ちつ持たれつの関係を維持しながら養分を蓄えるように、自分でも、うかがい知れないところで動き回る「たくさんの私」が、思考の土壌をつくっていく。どれが本当かおぼつかない私、何にでもなれる柔らかな私を解放して、何度でも世界と出会い直してみよう。

インターフェイスを柔らかく
接面の準備

「私」は時々刻々とまわりの「世界」に出会っている。内面の自由度を取り戻したら、次は私と世界の接面に注目したい。さてその境界では、何が起こっているのだろう?

「私」と「世界」が接するところ

先日、スーパーの駐輪場で派手に転倒した。少し前に降った雨で地面のタイルが濡れているのを気にも留めずに、いつものように自転車に乗ったまま駐輪場に乗り入れたときのことだ。ほんの少しハンドルを切った瞬間に、ツルンッとタイヤがすべってそのまま自転車ごと横転、大きな音に通行人が一斉に振り返った。「あらあらあら」というお爺さんの声から「ほら見なさい、走ると転ぶって言ったでしょ」とここぞとばかりに子どもに諭すお母さんの声まで、駐輪場を騒然とさせた派手な転びっぷりだった。親切に声をかけてくれる人々に苦笑いで会釈しながら大事なく立ち上がったけれど、ほとほと情けなかった。濡れた地面を見たときにどうして自転車を降りて押さなかったのか、とひとり反省会をした。「地面が濡れている」という環境の変化に、自分の側の変更が追いついていない。よくよく気をつけないと次はもっと痛い目に遭うぞ、と言い聞かせた。

考えてみれば、人は毎日たくさんの行動をしながら、基本的にはアクシデントをすり抜けて無事に暮らしている。階段をかけ上がるのも、人とすれ違うのも、まな板できゅうりを切るのも、子どもをひょいと抱き上げるのも、毎回コンディションの違う環境の中で、見事にやりおおせている行動の連続だ。すごいことだと思う。

「私」と「世界」が接するところでは、何が起こっているのだろうか。ためしにこの数分の出来事をちょっと思い出してみてほしい。「世界」と言っても、大きな決断や重大な局面でなくてていい。本のページをめくる今この瞬間も、刻一刻と「私」は「世界」(「私」を取り囲む環境)に出会っている。紙を指先で手繰るのも、コップの水を飲むのも、誰かを好きになるのも、何かが忽然《こつぜん》とわかるのも、環境との相互作用の中で起こる小さな事件の連続だといえる。世界に出会いながら、さまざまなことを考え、判断し、伝えたり、思い悩んだり、表現したりしているのだ。

こうして「私」は常に何らかの事情にさらされているわけだが、世界と自分の間にあるインターフェイスが固いままだと、「私」が「いつもの私」の中にとどまったままになり、環境とのズレに追いつかなくなる。雨のあとの自転車は、要注意だ。

「問う」ということはつまり、「いつもの私」の中にはないものに出会うこと、その未知との遭遇の驚きを自分に向けて表明することだと言っていい。だとすれば、いつでも未知を招き入れられるように、まずはインターフェイスを柔らかくしておきたいところだが、なかなかどうして、私たちの認識を覆う殻は想像以上に強固だったりする。それは必ずしも、自分の思考のせいだけではない。時代や文化や社会的慣習の中で知らず知らずに培ってきた枠組みが、要塞のように「私」を取り囲んでいるのだ。

17世紀のルネ・デカルト（1596-1650）の登場以来、人間は世界を真っ二つに分けて考えることで合理性を手に入れた。主体と客体、心と身体、文明と野蛮、善と悪など、二項対立の世界観と、ものごとを最小の単位にまで分けていくことで世界の真理を知ろうとする要素還元的なアプローチによって、近代科学は急速な発展を遂げた。その中で、精神と物質は別物になり、主体と客体は分離していった。

科学史家のモリス・バーマン（1944-）は、『デカルトからベイトソンへ 世界の再魔術化』で、この現代までも根強く続くデカルト的パラダイムにあらためて異を唱えた。主体が客体をコントロールしようとする機械論的世界観では、人類が抱える数々の問題には立ち向かえない。資本主義と科学思考がつくり上げた近代以降の認識論の行き詰まりをいかに超えるか。これまでとはまったく別のやり方で世界をみる必要があると考えたバーマンは、中世以来の世界知をさまざまに逍遥《しょうよう》する中で、ひとりの知の探究者にたどり着いた。タイトルにもなっているグレゴリー・ベイトソン（1904-1980）である。「グレゴリー・ベイトソンこそ、デカルト的二元論を越えた科学の全体像を提示できた二十世紀最大の思想家である」として、ベイトソンの世界観を借りながら、人間が本来豊かに手にしていた「意味」や「価値」というものを取り戻そうとした。

つながり合う世界

グレゴリー・ベイトソンは、イギリス出身の文化人類学者だが、その研究は生物学や精神医学や哲学や生態学など実に多岐にわたる。一貫しているのは、環境の中で刻々と変化する「精神」というものの正体を、関係のシステムとして捉えて明らかにしようとすることにあった。『精神の生態学へ』『精神と自然 生きた世界の認識論』などの著作を残し、その後のさまざまな学問分野に大きな影響を与えた人だ。

私が最初に手にとったベイトソン本は、『精神と自然』だった。書店で購入して駅中のカフェで「イントロダクション」に目を通すや、その奔放な「問いの力」にあっという間に魅了されたことを覚えている。

それはこんな具合である。ベイトソンはある授業の中で、学生の前に茹でたカニを置いて、こう尋ねた。

この物体が生物の死骸であるということを、私に納得のいくように説明してみなさい。

そう、自分が火星人だと想定してみるのもいいだろう。（中略）もちろんカニもエビも見たことはない。そこにこんな物体がいくつか流れ星になって降ってきたとする。そのほとんどは完全な姿をとどめてはいないが、観察の結果、これは生物の死骸だという結論に達するとする。だが、どうやって？

『精神と自然 生きた世界の認識論』グレゴリー・ベイトソン（岩波書店）

少し一緒に考えてみてほしい。これは、何を問うているのだろうか？

「火星人」とされてしまった以上、エビもミミズも犬も花も、見慣れた「生物」の特徴は頭から締め出さないとならない。参照できるのは、生物としての自分たち自身だ。自分とカニの共通点はなんだろうか。学生たちは最初に、形が左右対称であることに注目するものの、カニは右のハサミのほうが左より大きいことに気がつく。これでも左右対称といえるだろうか。あれこれ思案した挙句、二本のハサミは大きさこそ違えど、どちらも同じ部分からできている、という点を見つけ出す。そうそう、それこそが生物に特徴的な形態発生のパターンだ、部分同士の類似性がヒントなのだ、ベイトソンは学生たちの奮闘を喜ぶ。そうして、同じ対応関係がハサミのみならず一番下の足まで続いていること、それはカニのみならず大方の生物の体も同様であることを続けざまに説いてみせるのだ。
このおよそ教室には似つかわしくない茹でたカニをめぐる奇妙な問いは、「生物とは何か」、もっと言えば、生物の特徴を通して見えるこの世界の「つながり合うパターン」とは何かということを問うたものだった。

この導入からもわかるように、ベイトソンは生命の営みを徹底的に関係性の諸相として捉えた。「私」という生命体とそれを取り囲む環境は、切り離せない「生きたシステム」として関係し合っている。

ベイトソンはまた、「生きたシステム」を説明するためにこんな例を出す。木こりが斧で木を切る場面を考えてみよう。振り下ろされた斧は木に傷をつける。その傷をめがけて次の一打ちがなされる。木の傷はより明晰になり、木こりはまたその傷をめがけて斧を振り下ろす。こうして、斧の一打ちは、手前に放った一打ちによって制御される。このように、木・目・脳・腕・斧・打・木というシステム全体が自己修正的に働いた結果として、木が倒される。
「主体としての木こりが対象としての木を切っている」という認識をいったん捨てよ、と言うのだ。木こりと木と斧の間にあるシステムのうねりが、木こりに木を切らせ、木は斧によって切られて倒される。主体と客体に二分された認識ではなく、主客一体のうねりの中で成立する世界像である。

因果関係がつくる回路（サーキット）では、そのすべての部分の動きが、それ自身以前の動きによって規制される。（中略）どんな単純なサイバネティック・サーキットでも、その動きの決定に、一種の記憶がはたらいている——といってもいいだろう。

『精神の生態学へ（中）』グレゴリー・ベイトソン（岩波書店）「自己なるもののサイバネティックス」より

主体（木こり）が対象（木）をコントロールしているのではない。直前に自らがつけた木の傷に次の一手が導かれるように、時間と空間をまたぐ相互作用の中で私たちは生きている。

練習問題

03 システムのうねり

朝起きてから家を出るまでの間を思い出してほしい。木と木こりの関係のように、システムのうねりとして捉えられることがらを見つけてみよう。自分の行為が、次の自分の行為に影響を与え、その相互作用がシステムのうねりを持つような事象だ。いたるところにあるだろう。

たとえば、顔を洗うとき、新聞をめくるとき、コップに牛乳をそそぐとき、私たちは水の流れ方や新聞紙のめくれ具合やコップの中の牛乳の量にあわせて、次の行為を刻々と決めている。これをコンピューターに覚えさせようと思ったら、大変な量のプログラムコードを書かないとならない。人間の知性は、対象と自分とその間で刻々と変化していく関係性を捉えながら、次の行為へと移れるようになっている。

私たちは常に、何かにさしかかっている動的な存在なのだ。木と木こりの関係のように、大きなうねりの中で何かに誘われている。雨に濡れた地面も、本当は私に自転車を降りて押すように誘っていたはずなのだ。ちょっと「いつもの私」を過信しすぎた。

思考においても同じことで、必ずしも「私」が状況をコントロールして新たな「問い」を導き出すとは限らない。刻々と変化する環境の中に「問い」を誘引するトリガーがある。誘われている存在としての自分を、時にはまっさらな気持ちで感じてみるといい。

アフォーダンスとマイクロスリップ

この「主体」と「客体」との関係を、認知科学の観点から問い直したのが、「アフォーダンス」を提唱したアメリカの心理学者ジェームズ・ギブソン（1904-1979）だ。「アフォーダンス」とは、「afford：与える、提供する」を名詞にしたギブソンの造語で、「環境が動物に与え、提供している意味」のことを言う。ちょっとわかりにくいかもしれないが、こういうことだ。新聞紙には「めくる」というアフォーダンスがあり、コップには液体を「注ぐ」というアフォーダンスがある。液体の入ったコップは、「片手でつかんで持ち上げる」ことをアフォードし、その縁は「口をつけて飲む」ことをアフォードしている。このときに、意識せずとも手は自ずとそのコップの形になり、口はその縁に合わせた開き方をする。私たちは、身の回りのアフォーダンスを使いながら、あらゆる行為をしているのだ。「アフォーダンス」がaffordの名詞化であるというのは、「（環境から行為主体への）意味の与え具合」くらいに思うといいだろう。

視覚や聴覚といった入力器官からの刺激を受けて脳で意味をつくるのではなく、「環境の中にある意味が行為を通して発見される」という見方である。ジェームズ・ギブソンもまた、モリス・バーマンが問題にしたデカルト的パラダイムの限界を乗り越えようとしたひとりだ。先述のベイトソンが「近代的自己」にある誤謬《ごびゅう》を指摘したのだとすれば、ギブソンは「近代的認識論」の不足を問い直したと言える。

私たちは、何かを認知した瞬間にすでに「意味」に出会っている。何かを認識するその接面で、刻々と「意味」が創発しているのだ。ベイトソンが言うように、「主体としての木こりが対象としての木を切っている」のではなく、「切られる木」や「さっきついた傷」のほうにすでに意味が宿っていて、木こりは生きたシステムの中でそれをピックアップしている、ということだ。

この「アフォーダンス理論」に「マイクロスリップ」と呼ばれる現象がある。日常の行為に現れる微かな淀み（スリップ）やそれに伴う自己修正のことで、ほとんど気がつかないレベルでたいていの行為に起こっている現象だ。本のページをめくるときの手先をよく観察してみると、めくりやすい位置を指先が捉えるまで、何度かの小さなトライアンドエラーをしている。その微修正を経て無事にページはめくられるのだが、ほとんど無意識のうち

WWDC(2018)でのAppleのプレゼンテーション「Designing Fluid Interfaces」より
一部抜して掲載
https://developer.apple.com/videos/play/wwdc2018/803 8'30〜

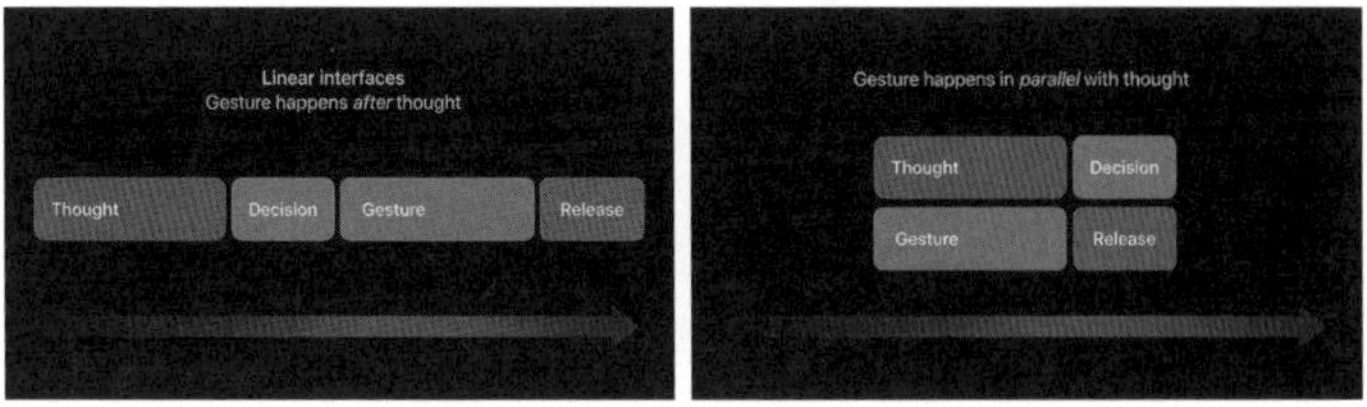

に身体感覚全体で一連の仕事を遂行しているわけだ。

マイクロスリップには４つのタイプがあるという。「躊躇」「軌道の変化」「無意味な接触」「手の形の変化」、目的を達成する上で必ずしも必要ではないのにちょくちょく挟まれる動きがこれだけある。生き物はさして合理的に行動してはいない。

このマイクロスリップの原理を巧みにユーザーインターフェイスに取り入れているのが、ここ数年のＡｐｐｌｅだ。ｉＰｈｏｎｅＸ以降に採用されている「Fluid Interfaces」というデザイン思想は、人がためらったり間違えたりすることを織り込んだＵＩ／ＵＸの設計方針になっている。

ユーザは必ずしも「考える→決める→ジェスチャー→離す」という段階を順番に進んでいるのではなく、何かを思うことと指を動かすこと、あるいはやめようかと思うことや次のジェスチャーをイメージすることを、ほぼ同時に行っている。こうしたマイクロスリップを前提にしたインターフェイスを志向したことで、「流れるような（Fluid）」操作感覚を実現している。「体（BODY）」のみならず「心（MIND）」の延長としてのデバイスを目指すということらしい。逡巡や失敗や出戻りを織り込んだほうが人間の動作感覚に馴染む、という例だ。

演劇の世界でも、マイクロスリップはキーファクターになる。人が「うまい」と認識する役者は、無駄な動きを適度に入れているというのだ。

劇作家の平田オリザ（1962-）氏とロボット工学者の石黒浩（1963-）氏は、「人間らしさ」を解明する共同研究の一環として「ロボット演劇プロジェクト」を立ち上げた。演劇を通して人間らしい動きをさまざまに検証する中で、役者の「うまさ」がマイクロスリップの再現にあることを突き止めた。たとえばコーヒーカップをつかむ動きひとつとっても、ふつうは稽古を重ねる中で洗練されて無駄な動きが削られていくものらしいのだが、どんなに練習を積んでも適度なマイクロスリップが残る役者がいるという。これが「うまい」と言われる役者の共通項なのだそうだ。このマイクロスリップの原理を石黒浩氏がつくるアンドロイドに実装したところ、ロボットを人間に似せていく過程で、ある閾値を超えると嫌悪感を感じるようになる「不気味の谷」と呼ばれる現象が、見事に解消したという。自分に酷似しているけどわずかに違うものには気持ち悪さを感じるけれど、完全に似てしまえば嫌悪感は消えるという例だろう。

後のインタビューで石黒氏が「アンドロイドは一度プログラムされたら何度でもマイクロスリップを再現できるのだから、オリザさんもアンドロイドだけで演劇をすれば楽でしょうに」といった趣旨の話をしていて、「人間らしい演技はアンドロイドが担保しますよ」と言われているようで思わず笑ってしまった。

このように、人間は必ずしもゴールをめがけて合理的な動きをしているわけではない。コミュニケーションにおいても、言いよどむ、躊躇する、言い直すなどを組み合わせながら、ジグザグに進んでいるし、それがお互いの心地よさにもなる。思考もまた同じだろう。「あでもないこうでもない」と複数のマイクロスリップを繰り返しながら、ズレやノイズを含んでものを考えている。脇道や横道をチラチラと視界に入れながら流れに任せて思考しているときほど、結局望ましい景色に早く到達する、ということは往々にしてある。環境と自分の間に「試行錯誤」を許容するインターフェイスをおいたほうが、なにかとうまく運ぶのだ。

自分という存在も、整合性のとれた「ひとりの私」には収まらないことは「たくさんの私」で体験してもらった。ここにさらに思考におけるマイクロスリップを許容すると、「私」はうんと柔らかくなっていく。「ホットワード（言い換え・連想）」にあたる情報の豊かさが、環境と自分の間の試行錯誤領域になる。「言い換える力」もしくは「連想力」は、こうした編集のバッファを意図的につくっていく上で大事な役割を担う。

練習問題

04 思考のマイクロスリップ

「たくさんの私」の中からどれか一つを選んで、マイクロスリップを歓迎しながらイメージを広げてみてほしい。「ああでもないこうでもない」を先取りするのだ。

「私は○○な××である。けれど〜」としながら、何度でも言い直してみてほしい。

以下のような接続詞を使うと、「ああでもないこうでもない」が加速する。

「むしろ……のほうが近いかもしれない」
「言い方を変えれば……とも言える」
「もっと言えば……ということにもなる」
「ときには……ということもある」

もちろん対象は「私」に限らない。今朝見たニュースに思うこと、家族への返事、同僚へのアドバイスや気になっている仕事の次の一手などなど。

優れた世のリーダーたちは、剛毅果断《ごうきかだん》に見える行動の奥に、無数の人知れぬ優柔不断を抱えているものだ。急場ほど沈思黙考《ちんしもっこう》を惜しまず、時には朝令暮改を辞さない。変転する環境との相互作用の中で、思考のマイクロスリップを生かしているはずだ。

「ああでもないこうでもない」の迷いを「ああもこうもありうる」という前向きな可能性の束にしていくには、ノイズをこそリソースにする編集への自覚が必要だ。ただしこの種のノイズは、あらかじめ用意しうるものではなく、状況や場面や環境に応じて、刻々と吹き出してくるものである。ノイズごと「私」に出入りできる、伸縮自在なインターフェイスが必要なのだ。

「私」と世界が接するところを柔らかく捉え直したところで、次はその境界はいつでも揺らいでいて、豊かな意味をつくり出しているということを、感じてみよう。

縁側が必要だ

境界の準備

どこまでが「私」で、
どこからが「私」じゃない？
その境界線は誰が決めた？
「私」は堅い殻の中などにはいなくて、
いつも世界に溶けだして
いるのだとしたら？

ウチソト感覚

千葉方面に出かけた帰り道、夜遅い京葉線の車内でディズニーランド帰りの若者たちと乗り合わせた。全員何かしらの「耳」をつけている。カラフルな4人の少女たちは、お互いのスマホで自撮りをしながら別れを惜しむようにおしゃべりに興じていた。しばらくして、ミッキーとミニーが最初に降りた。グーフィーが次の駅で降り、残るはモンスターズ・インクになった。黄緑の「目玉」を頭につけたままこの子はどこまで行けるだろうかと見ていると、ホームで手をふるグーフィーが見えなくなった瞬間に「目玉」をはずしてカバンにしまった。気だるげにスマホを取り出して、あとは何事もなかったように次々乗り込む乗客に溶け込んでいた。

「ひとりじゃ恥ずかしい」という当然の感覚はあろうが、さっきまで「ここ」だったディズニーランドが少しずつ「むこう」になっていく、少女の中のうつろいを感じて興味深かった。ディズニーランドが「むこう」になった瞬間に、頭の上の「目玉」は彼女の「異物」になった。


「ここ／むこう」「ウチ／ソト」、その境界線はいつでも文脈の中で揺らいでいる。いったいどこまでが「私」の内側でどこからが外側なのだろう。皮膚までが内側だろうか？　ふだんの感覚では洋服までは「私」の内側に思えるけど、洋服屋の試着室では下着以外は外側な気がする。一歩外に出てコートは内か外か。では傘は？　目玉のカチューシャは？

この「ウチソト問題」は、はっきり定義してみようとすると案外難しい。どうしてこんなことをわざわざ考えるのかといえば、「境界」をどこに見るかということは、実は私たちの世界認識においてはとても大事な問題なのだ。少し「境界」を動かしてみるだけで潜んでいた「異物」が顔を出し、それまで考えてもみなかった問題や機会に出くわしたりする。

前述のアフォーダンスを研究する佐々木正人（1952-）氏の『あらゆるところに同時にいるアフォーダンスの幾何学』という本に、伊藤精英（1964-）氏という盲目の研究者との対談がある。伊藤さんは、14歳のときに失明し、現在ははこだて未来大学で教鞭をとりながら「生活聴力」の研究をする認知科学者だ。「ノイズに意味が埋まっている」と題されたその対談記事では、生態音響学者としての伊藤さんの活動にはじまって、自分を包む音と環境認識にまつわる「包囲音」の話をしていた。

人は視覚情報がないと形としての自己認識をできないのではないか、つまりは自己の輪郭をつかめないのではないかという説があるが、そんなことはないと伊藤さんは言う。失明してしばらくは距離感覚がわからなくなり「自分であって自分ではないような」違和感を感じていたのだけれど、しばらくして聴覚情報で距離がわかるようになって、自分自身という輪郭をつかんでいくにつれて、自己認識が安定してきたという。こうした体験を通して、伊藤さんは「セルフ（自己）とは、『環境』に相対的に創発するのではないか」と感じるようになったという。ベイトソンやギブソンが、環境と自己の間に設定した世界観に通じる。

伊藤さんの話からもわかるように、「輪郭」といえばふつうは視覚情報としての「線」で表されるが、「体感的な輪郭」というものもあるのだ。先ほどの「ウチソト問題」は、自己の輪郭をどう持つか、という話でもあった。自分の「ウチ」と「ソト」、「ここ」と「むこう」という感覚は、どこから生じ、どのようにでき上がっているのか。

知覚と文化の関係を追ったアメリカの文化人類学者のエドワード・ホール（1914-2009）は、ここに文化ごとの違いがあると見て、その距離感覚をプロクセミックス（Proxemics）と名づけた。それぞれの文化における空間認識のあり方に関する考え方だ。「知覚文化距離」のことであり、「近接学」とも訳される。

エドワード・ホールは、人間は身体の周りを対人距離を維持するバブル（泡）のようなもので囲って自分の輪郭を感知している、とした。『かくれた次元』の中でホールは、自己と他者との間の距離感覚を、「縄張りのゾーン」として4種類の個人空間を想定している。密接距離（intimate distance：夫婦や恋人や親子の距離感）、個体距離（personal distance：親しい友人や隣人の距離感）、社会距離（social distance：ビジネスなどでとる体が触れ合わない程度の距離）、公衆距離（public distance：ステージの演者と聴衆など、個別のコミュニケーションが不可能な距離）というものだ。社会距離（social distance）は1・2〜3・6メートルなど、実験によって距離帯が立証されている。そして、異なる文化に住む者同士は、言語が違うだけでなく、違う距離感覚世界に住んでいるという。

2020年のコロナ禍になってはじめて、世界中で「約2メートルのソーシャル・ディスタンス」が一律に要求される時期があった。それぞれの文化に潜んでいる「ウチソト感覚」が、思わぬ形でグローバルスタンダードを強いられる、人類にとっては初めての体験だった。オンライン授業やリモート会議では、人と人の間に空間的な距離が存在しない上に、全員が同じサイズと距離感覚で画面にならぶ。文化に内在する暗黙のプロクセミックスを越えて、文化や個人の感性とは無関係なルールやユーザーインターフェイスによって、私たちの境界感覚が規定される。その後も、オンライン会議やオンライン授業は日常の一部になった。このことは、目配せや手招きといったボディランゲージも含めて、私たちのコミュニケーションにおける文化的共通感覚に、どんな影響を与えただろうか?

それぞれの文化に根づいていた距離感覚は、SNSの浸透によっても変わってきているはずだ。数秒単位で次々とフリックされていく断片的な情報の流入が、人間がもともと持っていた全体像への感知能力を削いでいく可能性もある。昨今盛んに言われるフィルターバブル現象やエコーチェンバー現象は、こうした過剰な断片情報が自分のまわりに見えない囲いをつくって、ある限られた範囲に私たちの認知を閉じ込めてしまうことを言う。
似たもの同士が集まったり、好みの情報だけを選択することは何も今に始まったことではないが、これまでと明らかに違っているのは、私たちを取り囲む環境の側が、人々の嗜好性や行動パターンを学習する機能を身につけているということだ。デジタルデバイスを通して刻々と収集されるログ情報を、ＡＩが解析し次の行動を推奨してくる。これもまた、人類がこれまで経験したことのない情報環境との出会い方である。自分ではない何者かが強力に決定していく境界を、私たちは自分自身で選択し設定し直す必要がある。少なくとも、そのことに自覚的であるべきだ。

練習問題

05 ウチソト感覚を磨く

身の回りにある「目に見えない境界線」には、どんなものがあるだろう。「ここまでが内側」と無意識のうちにでも想定している境界線を探してみてほしい。いくつか見つかったら、その境界のソトにあると思っているものの何かをウチ側に招き入れよう。なにがみえる？　また、ウチにあるものを、外に出してみよう。

たとえば高校生が「ウチら」と言うときは、どこまでを「ウチ」と見ているだろうか。友達同士で話しているときなら、自分たちをくるりと囲んで「ウチら」だろうし、大人と話しているときであれば高校生と大人の間に境界線をひいて高校生みんなが「ウチら」になるかもしれない。私たちの境界感覚は、文脈に応じてうつろっている。

ではスケールを変えて、地球にとって人類は内側だろうか、外側だろうか。では地球と人類の外側は？ 空、大気圏、宇宙？ 日本の内側と言ったらどこまで？ 国家、政党、会社、地域、家族、さまざまなウチとソトが幾重にも重なり合っている中で、私たちは常に何かしらへの所属感覚を持ちながら暮らしている。慣れ親しんだ風景に安住するうちに、自分を取り囲むある限定された世界を全世界であるように感じ、それを疑わなくなっていく。時折私たちを襲う閉塞感の原因は、必ずしも社会のせいなどではなく、この境界への無自覚な従属ではないかと思う。

見知った境界が揺らぐのは、だれだって居心地が悪い。だから私たちは無自覚のうちに、そうした類いの問いが顔を出さないように、本来はこんこんと湧き出しているかもしれない好奇心の泉に蓋をしてしまう。問う力は、こうして徐々に奪われていく。本書は、その無意識の習慣化に抗おうとする試みでもある。

時折それぞれの境界に意識を向けてみるといい。その上で、内側と外側、ここと向こうを、代わる代わる見ていく。自分の視点をどちらにも自在に置けるようにしておくと、環境との距離感覚を自在に選べるようにもなる。問いが生まれる土壌としての思考環境を、人任せにして放っておかずに、いつでも自分で耕せる状態にしておこう。

「間」をゆるませる

ウチとソトの境界は、必ずしも背中合わせとは限らない。ウチでもソトでもない、もしくはウチでもソトでもある領域が存在する。

子どもの頃、祖母の家の庭を世話してくれていた植木屋さんが大好きだった。休憩時間になると、植木屋さんは地下足袋を履いたまま縁側の決まった場所に腰掛ける。植木屋さんがおいしそうにお茶をすする傍らで、祖母は板の間に座って果物をむき、子どもたちは植木屋さんに遊んでほしくって、忙しなく庭と家の間を出たり入ったりしていた。植木屋さんは心得てますよとばかりに、お湯のみ片手に見事な草笛を披露してくれたものだ。

縁側は、ウチでもあってソトでもあるような、客人と家人をつなぐ空間である。日本家屋には、縁側のような「間」の空間がいろいろあった。庇《ひさし》や軒《のき》もそうだ。内側と外側を切り離さず、あえて交わる場所を確保する。フランスの地理学者オギュスタン・ベルク（1942-）は、日本家屋の縁側を「家（文化）と庭（自然）の両方の性質を持ちながらそのどちらにも還元できない象徴的第三者」であるとして、この「間（あいだ）」の空間に注目した。植木屋さんの草笛は、家の中に響くものでもあって庭先の音色でもある、内側でもなく外側でもない、あわいの場所での出来事だった。ウチとソトが重なり合うグラデーションのような周縁を大事にしてきたのが、日本のコミュニケーション感覚だったのだ。

隙間やあわいの空間が、生命進化の上でも重要な役割を担った。私たちヒトを含むあらゆる真核生物の誕生の鍵を握っていたミトコンドリアは、「隙間」を持つことによって過酷な環境を生き延びた代表選手だ。古代地球、シアノバクテリアが光合成を始めたことで突如地上に現れた酸素は、当時の生き物にとっては猛毒だった。劣悪な環境にほとんどの微生物がバタバタと倒れていく中、ミトコンドリアはこの酸素を取り込んでエネルギーに転換するという荒業をやってのけた。内膜と外膜の二重膜構造を持つミトコンドリアは、この膜の間にある隙間をつかって、酸素という猛毒を爆発的なエネルギーへと変換したのだ。この生存のためのバッファ領域は、その後の生命進化の戦略を決定づけた。

国際秩序の問題も、たいていは緩衝地帯をめぐる攻防だ。ウチでもありソトでもある緩衝領域を持たないときに、国家も生命も不安定になっていく。地政学的な問題のみならず、日常の人間関係から個人的な思考や認知にいたるまで、「間」が何らかの秩序をたもってい るのだ。思考の領域に異物が侵入してきたときに、いったんそのままに受け止める認知の緩衝領域と言ってもいい。「間」がきゅうきゅうとしていると、ついつい反射的な反応にな る。怒りや恐れといったストレス感情は、たいていの場合こうした異物への反射的反応の残骸だ。自分と環境との間に精神の緩衝領域を持てていれば、入ってきた異物を飲み込むなり捨てるなり噛み砕いて別の意味に変換するなり、都度選択することができる。ミトコンドリアを見習いたい。

複雑なものを複雑なままに、わからないことをわからないままに、痛みを痛みとして、判断を保留して抱え持つ。「想像力における縁側」を持つことによって、「わかりにくいこと」や「複雑な事態」にずっと対応しやすくなる。この「わからなさを保留する力」を「ネガティブ・ケイパビリティ」という。英国の精神分析医であるウィルフレッド・R・ビオン(1897-1979)が、当時から遡ること150年ほど前に書かれた英国の詩人ジョン・

キーツ（1795-1821）の手紙に見出した言葉だ。患者との間で起こる現象や患者の言葉に対して、精神分析医は性急な事実や理由を求めてはならないと考えていたビオンは、不可解さや疑念をそのまま持ち続ける能力としてこの「ネガティブ・ケイパビリティ」という言葉に注目した。

先行きの見えない世の中にあって、変わりやすく不確かで複雑で曖昧な世界に対峙するネガティブ・ケイパビリティは、精神分析医に限らず現代に生きる私たちに、今後ますます求められる力になっていくはずだ。

正解を出すことを求められ続けてきた私たちは、考えを保留したり「わからなさ」を吟味したりといった「すぐに着地しない思考」にとかく弱い。インフルエンサーの一問一答が重宝されるのも、複雑な状況に対してのわかりやすい見解を持っていたいという需要の現れだろう。「答えめいたもの」が手に入れば、ひとまずはスッキリできる。ただその「簡易的なスッキリ」が、その先の思考を奪っているということも、時には思い出したい。ゆるやかな思考停止状態は、ジワジワとイマジネーションの活力をうばっていき、より狭い世界に私たちを追い込んでいく。

解決できない問題に耐える、痛みを痛みとして受け入れる、複雑な問題を複雑なままにいだき続ける。答えに着地せずに思考を続けるネガティブ・ケイパビリティが、問う力を支える。

ただし、「わからない」だけでは「問い」にならない。「わからない」を「わかりたい」と思ったときに、「未知」は「問い」として動き出す。鮮明な好奇心や情熱的な探究心は、その軌跡を追うようにあとからついてくる。

練習問題

06 「わからなさ」に注目してみる

身の回りの「わからない」ことを3つ挙げる。調べればきっと正しい知識があるようなことでも、人の気持ちのように正解自体がありえないようなことでも、どんなことでもいい。今の自分にはどうしてもわからないということを3つ挙げてみてほしい。

次に、その「わからない」ことの中の「何がわからないのか」を考えてみよう。「わかっている」と「わからない」の間には何がある?

だいたいにおいて、「わかった」「わからない」の境界線というのはひどく曖昧なものだ。

銀河系とは何かと聞かれたらわかるといえばわかるし、母親の胸の内はわからないといいえばわからない。なにごとも簡単に「自分にわからないこと」として排除すべきでないし、逆に「とうに知っていること」として済ませるべきでもない。ではどうするか。「わかる／わからない」「未知／既知」の間にこそ着目するのだ。

ただし「わかった／わからない」のどちらにも着地せずにいるのは、思うほど簡単なことではない。自分に起こる出来事を、人は一刻も早く済んだことにしたい傾向があるからだ。「未知」の領域にとどまって判断を保留する「ネガティブ・ケイパビリティ」を保持するためには、まず自分の意識が向く先を自在にマネージできる必要がある。

次の章では、どのようにして自分の視点に気がついて、その矛先を自由にしていくか。見方を広げて「問い」のタネを集めるための、情報編集の方法を見ていこう。

第2章

Remixing

「問い」のタネを集める

「私」の土壌がほぐれたら、
あちらこちらに「問い」の兆しが現れてくる。
ここでは一気に外側へ視界を広げて、
これまで見過ごしていたものに気がつく目を養おう。
ひとたびその視点に立てば、あらゆるものが
「問い」のタネとして目に
飛び込んでくるようになるはずだ。

section index

見方が変われば、世界が変わる

——意味の発見

同じ体験をしているのに
人によって覚えていることが違う。
考えてみれば不思議なことだ。
「私」がたくさんいるように、
「世界」もたくさんあるということ？

デノテーション、コノテーション、アテンション！

人間は常に何かを探索している生き物だ。人間に限らない。猫であれ蝶々であれ蟻であれ何であれ、生物という生物は、常に自分の周囲にある情報を探し、ピックアップし、取捨選択しながら生きている。その探索はたいてい無意識で行われるので、私たちは探索している自分というものに気がついていない。

意識的にせよ無意識的にせよ、人の認識は常に注意（アテンション）から始まる。ただし自分の注意の矛先がどこに向いているのかということ自体は、ほとんどの場合、自覚していない。ほぼ自動運転状態である。

注意は「差異」を検出する。「何かが他と違っている」ことに注目したところから、思考やコミュニケーションが始まる。注意を向けたもの以外は、どんどん通り過ぎていく。同じ体験をしても人によって覚えていることが違うのは、何に注意を向けたかの違いであって、そのときにすでに記憶されるものが選択されているのだ。編集工学ではこの注意の向かう先を「注意のカーソル」と呼んで、何をおいてもまずこの動きに自覚的になることをすすめている。

注意のカーソルは常に、デノテーション（外示作用）とコノテーション（内示作用）の両方を読み取りながら動いている。デノテーションは直接的で外事的な意味にあたる。いわゆる「文字通り」ということだ。一方、コノテーションはその言葉や行間に含まれる暗示的・連想的な意味を指す。初めてのデートで「歩くの速いね」と言われたら、「でしょ？」とは言わないだろう。「あ、ごめん速かった？」と言って少しゆっくり歩くのではないだろうか。このとき「歩くの速いね」のデノテーションは「歩行スピードが速い」という事実そのもの、コノテーションは「もっとゆっくり歩いて」というお願い、もしくはクレームの可能性が高い。「話を額面通りに受け取る」といえば、表面上の意味（デノテーション）だけを理解して、その言外にある真意（コノテーション）を察していない、ということだ。

言葉だけでなく、標識やアイコンなどもデノテーションとコノテーションの両方を含んでいる。よく不思議に思うことに、コノテーションは文化の中でどうやって共有され、どのように暗黙の了解として流通しているのかということがある。たとえば、iPhoneの電話のアイコンはいまだに受話器の形だ。iPhoneへビーユーザー世代で本物の受話器に触ったことがある人がどれだけいるのかという話だが、ここはかつてのコノテーションが保持されている。

お気づきかもしれないがこの「注意のカーソル」という言葉も、もはやパソコン以外のデバイスには登場しない「カーソル」という単語に「注意の矛先」という意味を託している。カーソルに馴染みの薄い世代が増えているが、どうやらこの呼び名が直感的に通りがいい。

文化に内在するコノテーションは、一度流通すると乗り物を変えながら何度も再生され、

2001年度　第69回毎日広告デザイン賞「一般公募・広告主課題の部」優秀賞　課題：ハウス食品「ハウスバーモントカレー」AD＋D＋P：齋藤浩、コピー：望月和人

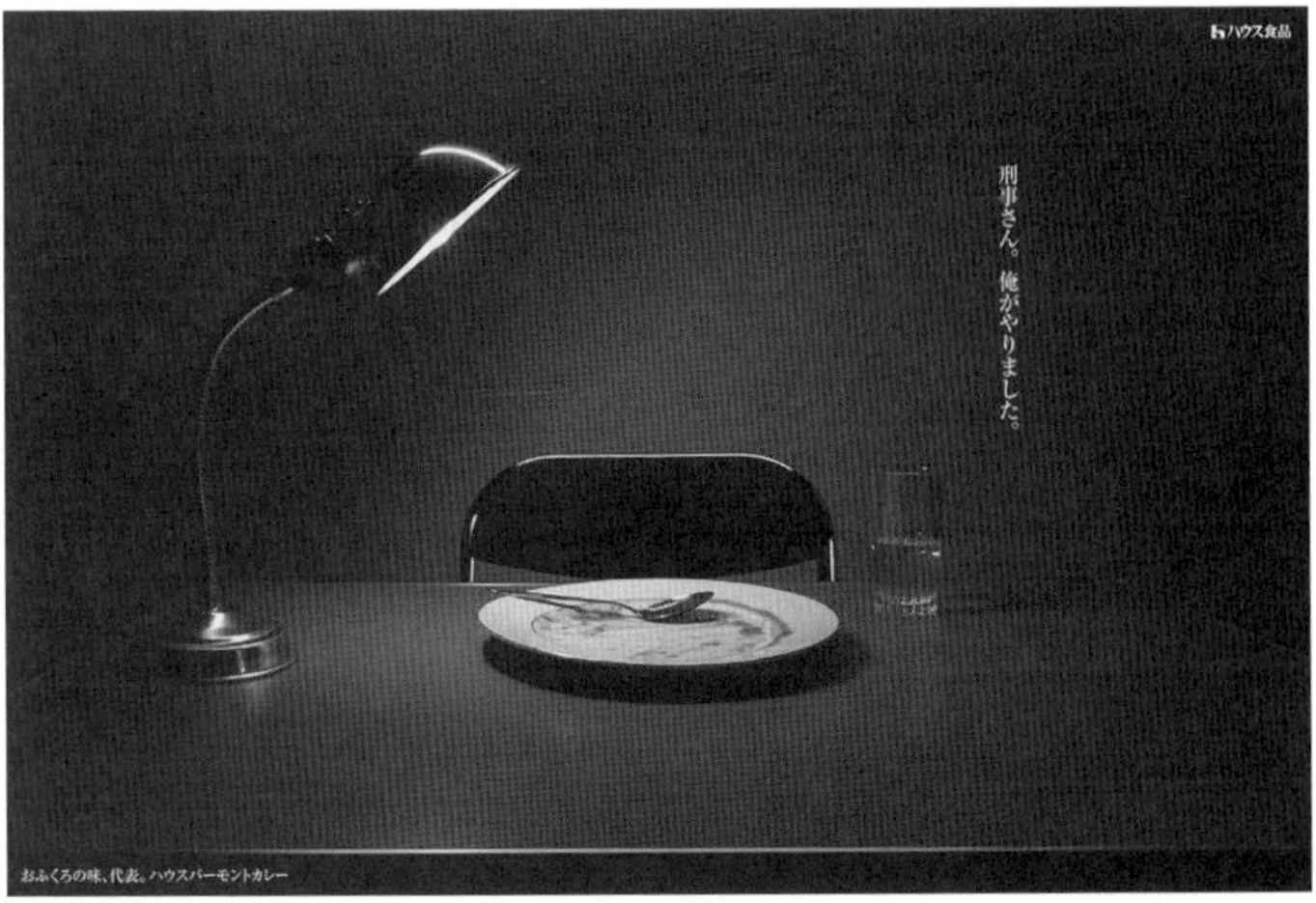

人々の記憶に鋳型のように定着していく。文学や音楽といった表現は、文化に流通するコノテーションをさまざまに織り合わせて創造されたものである。

ここに、20年ほど前に毎日新聞社の賞をとったひとつの「広告」作品がある。

これを見たときは、すごいなと思った。これだけの伏せられた情報で、これだけの意味を喚起する。「これだけの」というところに、デノテーションとコノテーションがわかりやすく入るので、例としてお借りしてきた。ちょっと野暮だが、解説してみよう。

この作品のデノテーションは、「取調室ら

しき部屋の食後のカレー皿」と「刑事さん、俺がやりました」というセリフだ。コノテーションは、「刑事さんにカレーを食べさせてもらい故郷を思い出して〝俺がやりました〟と思わず自白した犯人と、そうさせた〝おふくろの味〟」である。

ここには、たいていの日本人（ある年齢層以上だが）であれば共有している強烈な物語が動いている。丼ものをかき込む犯人の横で、刑事さんが「うさぎ追いしかの山〜」と歌いながら「おふくろさん、元気か」と声をかけると、意固地だった犯人がわっと泣き出して「俺がやりました」と完落ちする、というお約束のアレだ。取調室と完食後の食器と自白のセリフが「胸の内の聖なる故郷」のアレゴリーとなって、背後にある物語を再生する。

ジワジワと「広告」の意図が見えてきたところで、左下にひっそりと書かれた「おふくろの味、代表。ハウスバーモントカレー」という文字が目に入るという仕掛けだ。

「注意のカーソル」は、このデノテーションとコノテーションの両方に反応している。何かを理解するということは、デノテーションを通して背後にあるコノテーションをキャッチしていく行為でもある。コノテーションは、人の記憶の中にあるさまざまな文化的背景をキックして、感傷や感情ごと意味を想起させる。注意のカーソルは、そこを立体交差しながら動き回っているのだ。

デノテーションとコノテーションが間でねじれると、本音と建前が不格好に露呈する。まっさきに思い出すのは、上方落語にもなっている京都の「ぶぶ漬け」の話だ。京都の人は、客人にそろそろお暇《いとま》願いたいときに「ぶぶ漬け（お茶漬け）でもどうどす？」と言うが、これを真に受けて「ではいただきます」などと居座ってはあとあと笑いものになるので要注意、という話だ。以前知人が、ある京都のお宅にお邪魔した際に本当に「ぶぶ漬け」をすすめられて、「おおお、これか」と感動したという話を興奮気味にしてくれたことがある。丁寧に御礼を伝えてそそくさと退散したという話にみんなで笑っていたが、そのお宅の方からすればもしかしたら本当に空腹を察しての心遣いだったかもしれず、それはもはやわからない。デノテーションは揺るぎなく「ぶぶ漬け」の実体をさすが、それが「どうぞごゆっくり」なのか、「いつまでいなはるの？」なのかというコノテーションは、人々の解釈の中にしかないのだ。

前述のエドワード・ホールは、文化にはハイコンテキスト・カルチャーとローコンテキスト・カルチャーがあるという。みなまで言わず空気を読むのがハイコンテキスト、言葉で明示するのがローコンテキストだ。日本は極めて顕著なハイコンテキスト文化を持っている。見えないものへの想像力と共感力に優れた文化としてその美点が語られることが多いが、同時にそれが同調圧力や忖度として社会を息苦しくしている、という見方もある。

人間の営みは、意味のパラレルワールドが幾層にも交差しながら進んでいくものだ。勘がいい人、察しが働く人というのは、この複数の意味の層を同時にガバッとつかむようなものの見方をしているのだと思う。自分の注意のカーソルに自覚的になる際に、デノテーションとコノテーションの両方に意識を向けるようにすると、見過ごしている疑問や違和感にも出会えるようになる。それが大小さまざまな未解決問題として自分の中に蓄積され、その中から腰を据えて考えるに値する問いもこぼれ落ちてくる。特に「伏せられた」情報に敏感になることだ。

編集工学は「伏せて開ける」ことを重視する。「隠しておいて後で見せる」という手順の話ではない。「伏せた」情報は、受け手のイマジネーションの中で生き生きと「開いて」いく。そこを重視するのだ。「伏せることをもって、受け手の中で開けてみせる」ということである。受け手の中でコノテーションを動かして注意を誘導する方法ともいえる。先述の

「広告」は、この「伏せて開ける」が鮮やかだった。

自分の注意のカーソルを自覚せずにほったらかしにしておくと、「疑心暗鬼」や「自信過剰」や「被害妄想」などの偏った方向に意識が傾きやすくなる。こうした面倒くさい自我は、文脈と意味の間でコノテーションがねじれて「勝手な思い込み」が動かなくなっている現象ともいえるだろう。自分の注意のカーソルに敏感になってみると、こうした思考の癖がよく見えるようになる。それだけであっさり解決する問題のなんと多いことか。あまり自分の認識を自動運転に任せないほうがいい。

まずは、「注意のカーソル」の動きの癖に気がつくこと。いつだって「心配」と「問い」は紙一重だ。自分の内側で勝手にグルグルまわりを続けるブツクサを、どこかで区切って「じゃあどうしようかな?」と思ったとたん、「不安と混乱」は「好奇心と問い」に変わることがある。今この瞬間にも忙しなく動いている注意のカーソルを自在に操縦し、世界をあるがままに受け入れながら、不安や混乱を飼いならすのだ。それが、次の好奇心と問いのタネになる。

そうはいっても、自分勝手な解釈を入れずに「あるがままに見る」というのは案外難しい。もともと人間の認識は、「見たいように見る」ようにできている。その本能を超えて編集を起動していくには、多少のトレーニングも必要になる。

練習問題

07 デノテーションとコノテーション

街を歩きながら、注意が向いたものを次々と口に出して（あるいは心の声に出して）言葉にしてみよう。その際に、看板や標識など、何かメッセージを伝えているものに注意が向いたら、デノテーションとコノテーションの両方を言語化してみる。何を見て、何を情報として受け取っているのか、その回路が見えてくるだろう。

アレに見えてしょうがない

数年前に、「添い寝しめじ。」と題された写真がX（旧Twitter）で話題になった。なにやら艶めかしい気分まで伴って、もはや「しめじの添い寝」にしか見えない。このさりげない投稿が4万リツイートされて世界をかけめぐったわけだが、「何かに見えてしょ

2016年2月22日 @showkitchen_ のXの投稿より
https://x.com/showkitchen_/status/701716543265067008

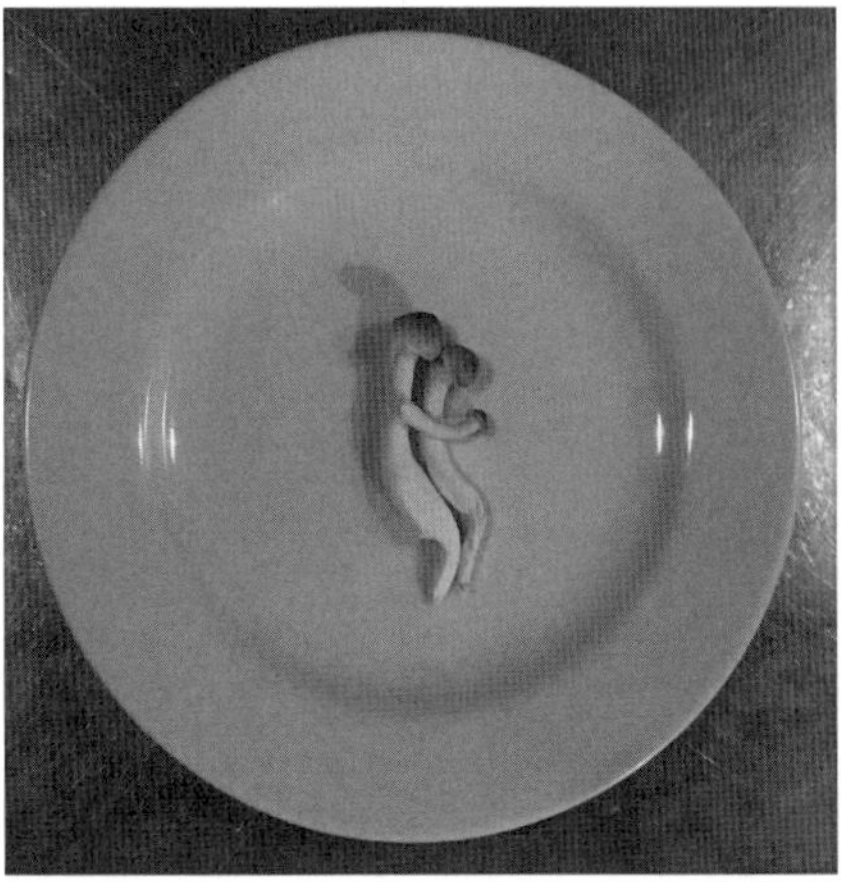

うがない」という現象が、人はどうしてこうも好きなのか。

人の知覚は、あるがままの姿よりも記憶の中ですでに馴染みのあるものに当てはめて見てしまう特性がある。次のページの写真も、いったん人の顔に見えてしまったら、何度見直しても顔だ（左）。近寄れば岩なのに引きで見ると象でしかない（真ん中）。銭湯につかって気持ちよさそうに目をつぶる男性もまたしかりだ（右）。「なんの変哲もない岩」として見るほうが、よほど難しくなる。

「見たいように見る」傾向は、これほど根強い。外界から新しいデータをインプットした際に、ゼロからそれを認識するには脳に負荷がかかるため、ある程度のテンプレートを脳

左：Aleph79 顔のパレイドリアをひきおこす岩
https://commons.wikimedia.org/wiki/File:Rock_Face.jpg
中：Diego Delso アイスランド・ヘイマエイ島にある「ゾウ岩」
https://commons.wikimedia.org/wiki/File:Roca_del_elefante,_Heimaey,_Islas_Vestman,_Su% C3% B0urland,_Islandia,_2014-08-17,_DD_036.JPG
右：Stephen Hodges スコットランドのセントキルダにある岩礁
https://commons.wikimedia.org/wiki/File:Staclevenish.jpg

内にもって物事を認識しようとする。車の正面やコンセントの三穴が人の顔に見えたり、壁のシミや雲の形が動物や乗り物に見えたりするのも、この現象によるものだ。

視覚情報の判別に限らず、こうした現象は思考の中でもおきている。「まぁ、つまりこういうことね」と、自分が知っている常識によせて、目前の未知のものをよく検討もせずにわかったつもりになる。パターンやテンプレートの吸着が強すぎると、「どうせ〜に違いない」という思い込み、もしくは思考停止の状態にもなる。

そのオートマチックな認識をちょっと一時停止して、自分が意図的に設定したフィルターでものを見てみよう。きっとこれまで見過ごしてきた、世界のさまざまな表情が見えてくる。

フィルター越しの世界

自分の注意が向く先に気がついたら、そこに何かしらの「フィルター」がかかっていることに注目してみる。よく「色眼鏡で見る」という言い方をするが、人は何かしらの色のついたメガネで世の中を見ているものだ。

人はまっさらな状態で情報に触れることができない。何かしらの見方の癖をもっている。フィルターとは、自分の中にある「見方のテンプレート」のようなものだが、それが固定化してしまえば「色眼鏡」にも「偏見」にもなる。昨今では「認知バイアス」ということがよく言われるが、気づかぬうちにフィルターが固定されてしまうと、思考も同様に固まってしまう。このフィルターの作用に気がついて自在にかけ替えられるようになると、フィルターは有用なメガネになる。

思考が柔らかい人は、往々にしてこのフィルターのかけ替えがうまい。認知バイアスから自由であるだけでなく、その時々で必要なフィルターを選択してものを見る。それによって次々と新しい見方を発見し、アイデアとしてアウトプットするのだ。

「フィルターのかけ替え」は、編集工学でも物事を認識する上での基本的な技能として重視している。たとえばこんな感じだ。「好きなものフィルター」をかけて部屋にあるものを思い出していくときと、「捨てていいものフィルター」をかけて同様のことをするときとでは、想起されるものが違ってくる。1分ほど時間をとって試してみてほしい。ちょっとした頭の中のフィルターの操作で、ピックアップする情報が変わることを実感するだろう。同じ理屈で、他の人のメガネ（フィルター）を借りて世界を見てみると、自分の視点の中にはない風景も見えてくる。

日本テレビ系に『はじめてのおつかい』という長寿番組がある。はじめておつかいに出る子どもを隠し撮りするというものだが、素材が素の子どもであるだけに鮮度が落ちないのだろう。もう30年以上、同じフォーマットで番組が続いている。大人の足であれば10分程度のおつかいの行き帰りが、子どものメガネをかけて見ると大冒険の道中になる。

意気揚々と出発し、いつもと違う緊張感でお店を目指し、頼まれた品物を買い忘れては勇気がしぼみ、重い荷物に心が折れ、ぐずる妹をなだめるうちに、だんだん日が傾いてくる。やっと帰ってきたときには、袋の中身はぐじゃぐじゃだけど、お母さんは心から嬉しそうだ。スタジオで涙を流しているゲストの顔が時折抜かれるが、言ってしまえば「おつ

『あさえとちいさいいもうと』作:筒井頼子 絵:林明子(福音館書店)

かいに行って帰ってきた子どもの映像」を見ているだけである。かくいう私も、この番組の最中はティッシュが手放せない。子どものメガネと親のメガネを交互にかけ替えるうちに、すっかり大冒険の当事者になってしまうのだ。

娘が小さかったとき、林明子さんの絵本が好きで、よく読み聞かせをせがまれた。『あさえとちいさいいもうと』という作品がある。お母さんに留守番を頼まれた「あさえ」は、ちいさな妹と一緒に家の前で遊んでいる。ちょっと目を離したすきに妹の姿が見えなくなってしまった。あわててあたりを探し回るあさえの前を、大きなトラックが走り去り、角を曲がった所でぶつかりそうになった大人は巨人のようにそびえ立つ……。何度読んでやっても、娘は手のひらにびっしょり汗をかいた。「お母さんの留守を預かる5歳の女の子のメガネ」をかけて見る街は、大きくて唐突でおっかない。お母さんが帰ってきたあとは、またいつもの町並みに戻っていた。目線が変わるときの臨場感はすごいものだ。

練習問題

08 メガネを借りる

いつもと違うメガネをかけて、家から最寄り駅までの道のりを思い出そう。何が見える？
誰のメガネを借りてもいい。たとえば、警察官、ベビーカーを押すお母さん、犬、杖をついた老人、3歳の妹をつれておつかいに行く5歳の兄……。
それぞれのメガネをかけ替えながら、いつもの通りを歩いてみよう。

見方が変われば、世界が変わる。自分が馴染んでいる景色の背後には、いくつもの世界が無限に開かれているのだ。一度そう見えてしまえば至極当然なことだけれど、意図的に見ようとしなければなかなか実感するのは難しい。世界の多面性に気がついたら、次は、自在に視点を切り替えながらたくさんの世界に分け入っていく方法を見ていこう。

情報は多面的

視点の切り替え

とうに知ったつもりになっている事柄でも、
今の自分には見えていない
側面を持っている。
情報の多面性は、
どうすると見えてくるだろう？

連想が止まらない

情報はたくさんの顔を持っている。どんな角度から見るかによって、そこに現れる意味が変わる。先述のデノテーションとコノテーションも、情報の多面性の話である。たとえば「雨」という言葉を見たときに、勝手に想起されるあれやこれやのイメージ群があるだろう。傘やレインコートなどの雨具から、濡れた衣服の感じや降り始めの地面の匂い、あるいは印象的な歌のフレーズや映画のワンシーンなど、自ずと引き出される記憶の断片があるはずだ。

何かの情報に接したときに、そのまわりに勝手な連想が動く。どんな情報も意味のネットワークを持っていて、必ずや仲間を連れている。他の情報を連想せずに「それだけを見る」ことのほうが難しい。この連鎖性こそが情報の正体と言ってもいい。

連想の具合は、人それぞれ違っている。「雨」という言葉を見たときに頭に浮かぶ事柄は十人十色、文化や習慣や蓄積された記憶によって、「雨」が連れてくる情報が異なるのだ。

スイスの心理学者カール・グスタフ・ユング（1875-1961）を一躍有名にした研究に、「連想実験」というものがある。「連想実験」はそれまでにも知能テストのような目的で行われていたが、被験者の心の乱れからくる測定の「ノイズ」が邪魔をして、平均値を計測しにくいという問題があった。ユングは、他では失敗とみなされていた「ノイズ」に着目し、この乱れこそが無意識のコンプレックスを反映していることを発見した。

100ほどの言葉を次々に挙げていって、そこから連想される言葉を被験者に答えさせ、その反応時間を計測していく。著しく連想に時間がかかる言葉には、何らかのコンプレックスが潜んでいると見て、そこを探っていくというものだ。ここでいうコンプレックスは「劣等感」とは異なる。複雑に絡みあった無意識内の観念の集合体のことをいう。

自分でもコントロールできない無意識に触れるくらいに、連想という営みは私たちの思考の根底を動いている。連想には、「雨」と言えば「雪」「嵐」のように類似性に基づいて似たものを想起するパターンと、「傘」「遠足中止」のように言葉の隣接性によって関連する語を引き出すパターンがある。似ているものを引き寄せて、関係のあるものを引き連れながら、イメージはどんどん連なっていくのだ。

連想は、野放しにすると行くあてのない白昼夢になるが、意図してマネージしていくと、強力な発想のエンジンになる。

「雨」という情報からの連想を、どれだけ自分で意図的に動かしてみることができるか。その振れ幅が大きいほど、考えるべきこと、問うべき観点は増えていく。情報は、はなから多面的である。今気がついている以外の見方というのが、必ずあるのだ。

「地と図」のマジック

どうすると、たくさんの見方に気がつくだろう。少し練習してみよう。

身近な「ああ、それね」で終わるようなものをちょっと思い浮かべてほしい。いつもの「それね」以外でいくつの顔つきがあるだろう。では、たとえば「お弁当」。我が家のことを思ってみれば、高校生の娘にとってお弁当は空きっ腹を満たす「昼食」だが、つくる親からすれば献立に頭を悩ます「毎朝のお題」である。空っぽになったお弁当箱は「おいしかったという情報」となり、好物を詰めれば「頑張れのメッセージ」にもなる。忙しい親子のコミュニケーションの媒体でもあった。

このように、私たちを取り囲む情報には常に複数の側面がある。誰がどこから、どのように見るか。その視点を動かしながら情報の多面性を意図的に見られるようになると、問いのタネも集まりやすくなる。

不思議な錯覚アートを数多く残したオランダの画家M.C.エッシャー（1898-1972）に『空と水I』という作品がある（https://www.nga.gov/collection/art-object-page.54215.html）。魚の隊列がいつのまにか白黒反転して鳥の隊列になっている、有名な錯視絵の版画作品だ。「地模様」の上に「図柄」を読み取る視覚認識の特性を使ったトリックで、見る側にこの「地」と「図」の反転をおこして、一気に景色を変えてみせる。

こうした「地」と「図」の反転は、視覚情報に限らず物事を認識するあらゆる場面で起こる。苦手と思っていた人が、ふと親しく見えてくる。これも何かの拍子に地と図の反転が起こったのかもしれない。私たちは常に「地」（ground）となる情報の上で「図」（figure）としての情報を認識している。情報の分母と分子と言ってもいいし、文脈と意味と言ってもいい。

情報の多面性とはつまり、さまざまな文脈（地）の上に展開される、たくさんの意味（図）のバリエーションのことである。複雑に絡まり合う情報の「地と図」を意図的に動かしていくことで、狭く固まっていた視界が柔らかく広がっていく。

ただこの「地と図」というもの、漠然と思うだけではそうそう簡単に動くものではない。ここでは、「地と図」の転換を起こすちょっとしたおまじないをご紹介しよう。

ひとつめは、「地」にあたる主体と場所を変えてみる方法だ。「〜にとって」「〜における」の「〜」をさまざまに入れ替えながら、「誰」にとってか、「どこ」にあるのか、といった視点を動かしてみる。冷凍食品メーカーを「地」とすれば「お弁当」は市場だし、お弁当を紹介するインスタグラマーが「地」となればお弁当は自己表現の作品群だ。学校を「地」にすると、カバンの中にあるときは生徒の持ち物であり、お弁当の時間となれば生徒間のコミュニケーションの媒体となり、時に感染症対策の対象にもなる。このように、「地」

が変われば「図」も変わる。情報に関わる主体と場所（地）を切り替えてみると、それまで見えていなかった視点（図）が開けてくる。

ふたつめは、言葉の力を使って見える景色を変えてみる方法。「お弁当」という言葉に「に、を、で、の、と、も」などの助詞を切り替えながらつけてみよう。「お弁当に」と言えば、何を詰めるかが連想されるけれど、「お弁当と」と言えば、一緒に持っていくお箸や水筒が思い浮かぶ。「お弁当の」「お弁当で」「お弁当を」などなど、試してみるとクルクルと景色が変わることを感じられるだろう。

「お弁当」はいたって簡単な例だが、ここに「会議」や「オリンピック」や「就職」といった少し複雑な要素を置いてみると、関係する人々のさまざまな理屈も願いも見えてくるし、「健康」や「正義」や「多様性」といった概念についても、地と図を動かしながら多面的に考えてみることができる。

練習問題

09 情報の「地」と「図」

何らかの事柄やトピックについて（どんなことでもいい）、さまざまな「地」を置きながら「図」を書き出してみよう。あわせて助詞を切り替えながら連想を広げてみる。トピックについて「たくさんの顔つき」が見えてきたら、それぞれの「顔つき」をあらためて言葉にしてみよう。

身の回りにあるものの「地」を意図的に切り替えながら、今まで意識していなかった側面を見るよう努めてみる。これを応用すると、ニュースで見るような社会問題にもさまざまな見方があることに気がついていく。各国の思惑が交差する国際秩序の緊張状態も、何を「地」として「図」を捉えるかで、見える景色が変わってくる。腰を据えて考えるためにはそれなりの前提知識は必要になるが、それに先立ってまず大事なことは「今見えている情報がたった一つの真理ではない」という見方に立ってみることだ。

メディアが伝える情報は、少なからず何らかの「地」（立場）によっている。「他の『地』で見るとどんな『図』が見えてくるのか」というベーシックな問いを常に抱えておくこと、そして自分で考えるための「地」はいつでも自分で選んでいいのだということを、その方法と共に理解しておくことが大切なのだ。

こうしてたくさんの視点を獲得していくと、その間に必ずやズレや矛盾が生じてくる。異なる見方の間に生じる相容れなさや混乱は、時と場合によってストレスにもなるかもしれない。けれど、こうしたズレや矛盾の中にこそ、現状を動かしうる問いのタネが隠れているものだ。

いつもの自分の感覚では理解できないことや、あたりまえと思っている風景からは締め出されていることにいかに注目するか。「地と図」の切り替えによって、情報の多面性に向き合う準備ができたところで、次は「想定外」を味方につける方法を見ていこう。

偶然を必然に

――異質の取り込み

たまたまを味方につける編集力は、
「驚き」と「問い」で起動する。
「想定外」が吉と出るか凶と出るか、
この違いはどこにある？

偶然性とセレンディピティ

何かに熱心に気持ちを向けていると、思いがけないところから大事な情報が舞い込んでくることがある。そのときは「ああ、助かった」と幸運に感謝するものだが、これは「ラッキーにも思いがけないところから大事な情報が入った」という現象なのでは、おそらくない。「思いがけないところから入った情報が大事であることに気がつく」という、はっきりとした心の作用なのだ。

自分ひとりぶんのイマジネーションには限界がある。自分の中にはない情報といかに出会えるかが、想像力を次のステージに運ぶ鍵となる。注意のカーソルをせっせと動かし、情報の多面性に自覚的に向き合っていると、この確率が俄然上がってくる。「まだ見ぬ可能性」同士がつながり始めるのだ。

「思いがけないところからの情報」というものは、誰にも常に流れ込んでいるものだ。ニュースの見出し、同僚との会話、街の看板、先週手にとった本など。それを「今キャッチした」と思えた瞬間から、あとあと「偶然にもあのとき」と思える出来事は始まっている。

編集は、偶然を必然に転化する営みである。身の回りにあふれる「たまたま」を必然的な問いに変えるのは編集の力であり、「たまたま」がまたその先の編集の可能性を広げていく。

こうした偶然を呼び込む力は「セレンディピティ」と呼ばれ、科学研究やテクノロジー分野、最近ではビジネスの場面でもよく言及される。

「セレンディピティ」は、イギリスの小説家であるホレス・ウォルポール（1717-1797）の造語で、『セレンディップの3人の王子（The Three Princes of Serendip）』というおとぎ話に由来する。セレンディップという国の王子たちが、旅の途中の偶然の出会いからその才気によって次々と幸運を手にするという物語だ。

『セレンディピティの探求』を書いた澤泉重一氏は、自分では意図しない「やってくる偶然」と自らの意志による「迎えにいく偶然」がうまく出会うところにセレンディピティが生じるといい、「偶察力」という言葉をあてている。「偶然」と「察知」を生かす力という造語だ。「やってくる偶然」と「迎えにいく偶然」の出会い頭のニュアンスがよく現れている。編集工学の始祖である松岡正剛（1944-2024）は本書を『千夜千冊』で紹介し、編集力の観点からセレンディピティの読み解きにさらに一歩踏み込んでいる。

偶然性を突っ込んだだけでは、セレンディピティについての議論はなかなか深まらない。空中に消えていく。すぐに忘れてもしまう。だから「やってくる偶然」と「迎えにいく偶然」とのあいだの視点をもう少し動かしたほうがいい。何が動いたほうがいいかといえば、意図や意思に出入りする「察知」が動くべきである。

松岡正剛の千夜千冊1304夜『セレンディピティの探求』澤泉重一・片井修

「やってくる偶然」と「迎えにいく偶然」の間におこる「察知」にこそ、編集の契機があるということだ。では、察知とは何か。松岡は、ホレス・ウォルポールが紹介する「サガ

シティ」（sagacity：「感知」や「勘」という意味）という言葉に触れながら、「察知力」とは「ふいの気づき」や「〝一事が万事〟の〝一事〟に着目する力」であると加えている。

「ふいに気づく」「ぴんとくる」、その突端が現れるところには、言語化される手前の大量の情報がひしめいていたはずだ。セレンディピティを呼び込むには、「やってくる偶然」をすかさず察知できるだけの豊かな「見方の群れ」が意識の側に満ちている必要がある。一心不乱の試行錯誤が臨界値に達するタイミングでふいに舞い込んだ偶然は、探究心でふくらんだ風船への針のひと刺しになる。「迎えにいく」準備ができたところで、察知は弾ける。「あてでもないこうでもない」を許容する力、わからなさや答えのなさに耐えるネガティブ・ケイパビリティが、偶然を味方につける上でも必須なのだ。

問いは驚きに始まる

生涯をかけて「偶然性」を探求した哲学者・九鬼周造《くきしゅうぞう》（1888-1941）は、「偶然的なものに対して起る情」として「驚き」に着目し、「驚きの情と偶然性」という論考を残している。「驚」という漢字には「馬」が入っているが、馬にあっては驚きというものは恐れにほかならず、恐れとは区別される「驚き」は、人間特有の情だという。

驚きという情は、偶然的なものに対して起る情である。偶然的なものとは同一性から離れているものである。同一性の圏内に在るものに対しては、あたり前のものとして、驚きを感じない。同一性から離れているものに対して、それはあたり前でないから驚くのである。

「驚きの情と偶然性」(1939):『偶然と驚きの哲学』九鬼周造(書肆心水)に所収

「あたり前ではないものに人は驚く」という至極あたり前な定義を置いた上で、九鬼はこう釘を刺す。

現実の世界そのものに対して、我々は驚きの情を禁じえないのである。現実の世界は偶然的存在である。何らかの意味で全体的なものの、単に一つに過ぎぬ。それ故に、我々はその一つが正に存在することに対して驚くのである。

「驚きの情と偶然性」(1939):『偶然と驚きの哲学』九鬼周造(書肆心水)に所収

めったに起こらなそうなレアな事態ばかりが「偶然性」ではない。現実のすぐ目の前にあるそのことにいかに驚くか、「あたり前」の世界の奥に控える「他にもあり得た」世界を想像し、目前の情景をいかに「あたり前でない」世界として見ることができるか、本来そこに驚きを禁じえないのが人間である、と言っているのだ。

よく見れば薺《なずな》花咲く垣根かな　松尾芭蕉

九鬼周造が偶然性への逢着《ほうちゃく》として注目する「驚き」は、この類いのものだと思う。何の変哲もない垣根のぺんぺん草にはたと目が留まる芭蕉の心は、春を迎えにいっていたのかもしれない。そこへ薺（ぺんぺん草）がやってきた。

「驚く」とは、どんなにわずかであれ、閃光のような邂逅《かいこう》を注意のカーソルがすかさずつかまえる能力である。ベイトソンは、それがおこる環境を学生のために用意した。茹でたカニは、教室に置かれたことで「異質」な物体になった。教室という同一性から離れて、「生物とは何か」を「現実世界への驚き」として引き出したのだ。

「誰にとってもそこにあるぺんぺん草」を、自分にとっての「驚き ≒ 違和感 ≒ 異質性 ≒

偶然性」にできるかどうか。九鬼は「偶然性とは必然性の否定である」と言うが、驚きを端緒とする編集が加速すると一転「偶然性」は「必然性」に転化する。そこへの情熱が持続すれば「運命」にもなっていく。

九鬼周造は「プラトンやアリストテレスは驚きを哲学の出発点と見た」として、この論考を以下のように結んでいる。

実に驚きは哲学の初めである。初めであるのみならず、また哲学の終りである。哲学は驚きに発して、驚きに終るのである。偉大な思想は心臓から来るという言葉があるが、現実の世界の偶然性に対して驚くこと、驚いて心臓に動悸を打たせることが、終始一貫して、哲学思索の原動力でなければならないと考えるのである。

「驚きの情と偶然性」（1939）：『偶然と驚きの哲学』九鬼周造（書肆心水）に所収

九鬼の言葉の「哲学」はすっぽりそのまま「問い」と置き換えてもいいだろう。いつもの現実を、松尾芭蕉のメガネを借りて見てみよう。

練習問題

10 芭蕉のメガネ

「よく見れば・・・・・・・・・かな」

この間を埋めて、句をつくる。3つほど詠めるといいだろう。

日常の風景に埋めこまれた突起に、少し敏感になってみよう。

そのためのフィルターとして、今日一日、この問題を頭の片隅において過ごしてみてほしい。いつもなら見過ごしている「あたり前」に、心臓が「動悸を打つ」かもしれない。

「未知」は、そこら中にころがっている。すでに持っているもの、刻々と出会っていくものすべてを、自分の驚きのリソースに変えるのだ。何かと何かが出会うところの偶然性が想像力の資源になるとするなら、それは無限である。ジェームズ・ギブソンが「アフォーダンスは無限に自然の中に埋め込まれている」と言ったように、力強い問いにつながるリソースは、枯れることなく私たちの内側と外側、そしてその間にあふれている。

第3章

Emerging

「問い」を発芽させる

さあ、ここまでは言ってみれば下ごしらえだ。
考える土壌を柔らかくほぐし、
問いのタネを集めてくるセンサーを整えた。
「問い体質」を準備してきたと言っていい。
ここからは、外からの刺激と養分を存分に取り込み、
ならされた土壌を豊かにしながら、
一気に問いを芽吹かせよう。

section index

見えない壁に穴をあける

——未知との遭遇

生き生きとした問いは、
未知と遭遇することで
次々と芽を出していく。
ただし、遭遇できる未知の領域が
極端に奪われている世界を
生きているのだとしたら？

「問い」が奪われている？

知りたい情報にアクセスする上で、今ほど恵まれた時代もない。テキストばかりでなく、画像も音声も映像も、たいていの情報は瞬時に手に入る。生成ＡＩの力を借りれば、ものの数秒でそれらしいアウトプットを仕立ててもくれる。インターネット上で一度たどり着いた情報は何も言わずとも覚えてくれていて、「こちらもいかがですか？」「これなんかも興味ありますよね？」と、それっぽい関連情報が次々と差し出される。そうしたレコメンド環境が外部脳化しているので、なにかを「知らない」ということにさして思い悩む必要もないし、「知りたい」と思うこともそう億劫ではない。

ただ、私たちの想像力の目を開かせる契機は、あることを「知らないことすら知らなかった＝無知」の状態から、「知らないということを知ってしまった＝未知」の状態に転がり込むところにある。そうして遭遇した「未知」がさまざまなアプローチを経て「既知」になっていくその道筋の中で、幾度も「問い」が引き出され、また幾重にも未知と遭遇し、その積層の上に知性の足場が育まれていく。


キーワード検索は、「未知」を瞬時に「既知」に変える作業だ。検索ログを養分にして強化されていくレコメンド情報は、仮想的な「未知」を量産する。YouTubeやSNSのタイムラインに怒涛のように表示される「関連情報」も、薄ぼんやりとした「未知」と「既知」で埋め尽くされる。見渡す限り、どこか馴染みのある風景に閉じ込められているような世界だ。

今や経済全体が、私たちの嗜好性や好奇心を網の目のようにくるんでいる。芽生えた好奇心が陽の光にあたる間もなく、生暖かい既知の毛布でくるまれて、青白い液晶画面の中でほどよく培養される。それは一見安心安全なようでいて、知らず知らずに私たちの本来の感受性や好奇心を奪っていく過酷な環境でもある。

3年ほど前、『監視資本主義 人類の未来を賭けた闘い』という本が話題になった。600ページを超える大著でありながら世界的に読まれ議論を呼び起こした。ハーバードビジネススクール名誉教授のショシャナ・ズボフ（1951-）が、ビッグテックが率いるデジタル資本主義のからくりを暴き、デジタルネットワークで覆われる21世紀社会に警鐘を鳴らしたものだ。

監視資本主義は、人間のさまざまな活動履歴をいたるところで要求してくる。アクセス頻度、位置情報、購入履歴、SNSの「いいね」履歴、「友達」の顔ぶれなどなど。一部は製品やサービスの向上のために使われるが、残りは「行動余剰」としてビッグテックに吸い込まれ、AIによって解析されて私たちの嗜好性や行動を予測するための材料となっていく。

これによって、市場からユーザへの提案はどんどん先回りして予測されるようになり、私たちの購買行動はコントロールされていく。商品を提供する側からすれば、生活者の行動はもはや予測不能なものなのではなく、「想定内」の出来事になる。監視資本主義は、私たちのことを何でも知っているけれど、いつどうやって知るのかは私たちには知られないようにつくられている。この非対称性が危険なのだ、とズボフは指摘した。

経済が予測不可能な不確実性の時代は過ぎ、ある一部のプレイヤーからすれば、市場は予測可能で確実なシミュレーションゲームになりつつあるという。その上で快適な日々を享受する私たちは、そんなことは知るよしもない。人間の生活態度や好みや欲望にまつわるデータは、今や市場によって操作されうる環境素材になっている。人間が世界にあるものを原材料にして活動しているのではなく、世界の側が人間を原材料にして自転し始めているというのだ。まさに映画「マトリックス」の世界だ。

産業文明が自然（ネイチャー）を犠牲にし、今では地球まで犠牲にしているのと同様に、監視資本主義と道具主義が形成した情報文明は、人間の本質（ネイチャー）を犠牲にして繁栄し、いずれは人間性を犠牲にするだろう。

『監視資本主義 人類の未来を賭けた闘い』ショシャナ・ズボフ（東洋経済新報社）

監視資本主義に引き裂かれ取り込まれているのは「人間性」なのだと、ズボフは言う。ここでいう「人間性」とは、自らの関心事を自らの意志で選択し、考え、問うていく自由であり尊厳である。

『疲労社会』『透明社会』などで現代社会の病理を指摘し続けるドイツ在住の韓国人哲学者ビョンチョル・ハン（1959-）は、AIとアルゴリズムが支配する「デジタル社会」の権力支配構造を分析した『情報支配社会デジタル化の罠と民主主義の危機』の中で、ズボフの「監視資本主義」への警鐘を引き継いでこう書いている。

> 権力を得るために決定的に重要なのは、いまや生産手段の所有ではなく、魂政治的な監視・行動制御・行動予測に用いられる情報へのアクセスである。情報体制は情報資本主義と結びついており、この情報資本主義はいまや監視資本主義へと発展し、人々はこれによってデータを吸い上げられ消費へと駆り立てられる家畜へと劣化させられている。
>
> 『情報支配社会デジタル化の罠と民主主義の危機』ビョンチョル・ハン（花伝社）

「家畜への劣化」とは、手厳しい。人々の労働力を吸い上げていたのが産業資本主義の「規律体制」であったとすると、コミュニケーションとネットワークに依存する情報資本主義の「情報体制」では、「魂」が掌握されているのだという。情報社会のパラドックスは、人々が主体的に生産していると思い込んでいる情報によって、結果的に自分を拘束していることとにある。
移動距離から心拍数までを把握するスマホやスマートウォッチは、気の利くコンシェルジュのように情報を差し出し、スマートホームは住人の日常生活をつぶさに記録しては快適な居住環境を提供する。ちょっとしたリサーチ・レポートであれば、生成ＡＩにオーダーすれば数秒できれいに整えてくれる。そうしてプラットフォーマーは刻々と人間から採取する情報を資源として、また私たちの認知環境を良き具合いに形成し、明日の行動を誘導することで完全なる予測経済を強化している。便利さというかたちをとって、いたるところに監視と予測と行動の支配がすべりこんでいるのだ。

自分を突き動かす好奇心や、内側から湧き上がる問いを抱くというのは、現代を生きる私たちにはもはや贅沢な体験になっているのかもしれない。なんとなく惹かれるものは本当に自分の好奇心からなのか、今調べようとしていることは、本当に自分の問いなのか。だれかがつくった道筋の中で、こちらへどうぞと案内されているだけなのかもしれない。それで困ることがないのなら、構わないと言えば構わない。知らぬが仏ということもある。けれど、それが人間性の劣化、もっと言えば魂の家畜化に直結するのだとすれば、これは由々しき事態だ。

何もかもが揃う情報環境の中で、きっと「問い」だけが奪われている。私たちは今や、未知に飢えているのだ。「マトリックス」の主人公ネオは、真実から隔絶されてはいても何不自由ない暮らしに戻る「青い薬」か、まどろみの世界から目覚めて真実へと潜る「赤い薬」か、どちらかを選ぶよう言われ、「赤い薬」を飲んだ。そりゃそうだ。でなければそこで物語は終わってしまう。

私たちは、どうするだろう？　青い薬を飲んで、今まで通りの「快適さ」の中で暮らしを続けていくことはできる。ただ、何者かによる「魂の掌握」と「人間性の劣化」に抗い、自らの手に問いを奪い返すのであれば、ネオのように赤い薬を選ぶべきなのだろう。でも、どうやって？　そこには何が待ち受けている？　はたして、問いは奪還できるだろうか？

子どもは40000回質問する

子どもはみな、問いの天才だ。フィルターバブルに囲まれる前の存在は、見るもの触るものすべてが未知との遭遇なのである。『子どもは40000回質問する　あなたの人生を創る「好奇心」の驚くべき力』で、著者のイアン・レズリーは、子どもに生まれつき備わっている能力としての好奇心を、さまざまな角度から描き出してみせた。

好奇心にはふたつの側面があるという。目新しいものすべてに惹きつけられる「拡散的好奇心」と、目先の利益には必ずしもならない関心事を探究しようとする「知的好奇心」だ。一見場当たり的に思える拡散的好奇心こそが、知識の探究の第一歩になるという。

子どもは「なぜ?」「なに?」によって世界を探索することで、自分自身とも出会っていく。昆虫が触覚をさかんに動かしながら周囲の環境を確かめるように、周囲の物事の位置関係や自分との間の距離感を測っている。人間は、他の動物と比べると著しく「遅く成長する生物」だが、やがて不確実な世界を生き抜くために必要な知性の下準備として、庇護された安全な環境下での「なぜなに」期間が必要なのだ。

こうした好奇心が駆動するには、「少しだけ知っている」という状況が大事なのだと、レズリーは指摘する。知らないものには興味は向かないが、十分知っているものにも好奇心はわかない。無知と未知と既知の関係だ。けど、すでに十分に知っているはずのものでも、注意のカーソルが別の角度からあたっただけで、一瞬にして輝く未知になることもある。

まだ小学校に上がる前、母に留守番を頼まれたときのことだった。クレヨンで絵を描いていたら、出かける母から「クレヨンかじっちゃだめよ」と声をかけられた。その瞬間まで「クレヨンをかじる」などという行動を考えてもみなかった私は、びっくりして「なんで？」と玄関を出ようとする母に聞いた。「ものすごい味がするから」という一言を残して母は出かけてしまった。

さあ、たいへんだ。単なるお絵かき道具でしかなかったクレヨンが、とたんに未知の物体になった。クレヨンの「ものすごい味」とはどんな味だろう？　持っていた青のクレヨンをしばらく眺めたり匂いを嗅いだりしたあと、我慢できずに一口かじった。たいした味はしない。赤ならどうか？　赤も変わらず。黄色、茶色、黒……。結局ぜんぶかじってしまった。

帰宅するや、歯型がついてボロボロになったクレヨンを見たときの、泣き出しそうな笑い出しそうな母の顔が忘れられない。その頃の私は、何かに没頭し始めると手に持っているものを口に入れてしまう癖があったらしく、汚いからとかお腹こわすからとか言っても聞かないので、出がけの上の空でとっさにかけた言葉だったらしい。子どもの好奇心の構造からしたら、この抑止作戦はまったくもって逆効果だった。注意のカーソルが強烈に「クレヨンの味」に吸い寄せられてロックインされてしまったのだ。これは別に褒められた類いの話ではないが、こうした子どもの行動を思えばわかるように、好奇心というのは食欲や睡眠欲に劣らない、抗いがたい欲求なのである。

自然人類学者の長谷川眞理子（1952-）さんは、人類があるとき大陸から出た理由は、好奇心というほかないという。あの山の向こうに何があるのか。そのやむにやまれぬ好奇心が、人類の活動領域を広げ、進化させた。

人間には本来、知りたいという本能的欲求が生存戦略の一部として組み込まれているのだ。「何かを知りたい」と思う強烈な欲求が、生きるために必要な認知の土台を形づくっていく。そうした好奇心は、長じるにつれて秩序だった思考のもとにおとなしくなっていく。

好奇心の強さの程度は生まれつき決まっているものではなく、外部との相互作用の中で引き出されていくものだとレズリーは言う。「少しだけ知っていること」が「もう少しだけ知らせてくれる」ものと出会いながら、人は新しい風景を獲得していくのだ。好奇心によって何かを探し当てるあの感じは、子どものころに友だちと掘った砂山のトンネルの感触に似ている。このへんかな？　と探り探り掘り進めた先に、ふっと砂が軽くなって、その瞬間じゃりっとした友達の指先にふれる。なんともいえない嬉しさに手をお互いにぎゅっと握ってから、そろそろと腕を抜いて掘り進めたトンネルを固める。

その穴に水を流したり、ミニカーを走らせたり、しばらく遊ぶと砂山はもろくも崩れるが、それでいいのだ。あとは次の夢中になれる遊びを探索するまでだ。

練習問題

11 好奇心を探しに

子どもの頃に抱いた「やむにやまれぬ好奇心」を思い出してみよう。褒められたものもあれば、人に言えないような後ろめたいものもあっただろう。何がそんなに気になっていたのか、その好奇心は今も形を変えて自分の中に残っているか、残っていなければいつごろ消えてしまったのか。少し本を置いて、ドキドキしていた幼い自分に会いに行ってみてほしい。

未知を焚《く》べる

好奇心は炎のようなものでもある。燃えるには燃料が必要だ。燃料にあたるのは、思考や知識、記憶や世界観だ。そこに、外部からのセレンディピティが飛来して、着火剤となって火がつく。いったん燃えたら、炎を絶やさないよう燃料を焚べ続けないとならないが、燃え続けている間は次々とエネルギーを生み出して、私たちをどこへでも連れて行ってくれる。

私たちの内側にある注意や関心は、本来自分自身を前に進めるための貴重な燃料だったはずだ。それがデジタルネットワークに吸い上げられるようになって以降、市場の「予測商品」を人工知能が加工するための燃料になってしまっている。ショシャナ・ズボフが指摘したのは、この転換だった。

ただ、危険視すべきなのは、デジタルネットワークやテクノロジーそのものではない。それらに浸透し、テクノロジーを動かす論理だ、とズボフは言う。ハンもまた「民主主義の危機を招いているのは、アルゴリズムによるインターネットのパーソナライズではなく、他者の消滅であり、耳を傾けることができないことなのだ」と書き添えている。

問題はテクノロジーの進化そのものではなく、テクノロジーによって人の好奇心を退化させ自らが肥大化していく経済社会的なロジックであり、そこに従う人々の無自覚と無関心なのだ。要はこの道具をどう使うのか、そこへの自覚が必要なのである。デジタルネットワークから絶え間なく流れ込んでくる情報に「拡散的好奇心」を浪費するに任せるか、そこから「知的好奇心」を立ち上げて未知なる探究へ突き進む自らの燃料に切り替えるか。

ズボフもハンも、人間の認知や好奇心を危機に晒すデジタル情報監視社会に警鐘を鳴らし、ゆるやかなディストピアを鮮やかに描き出してみせた。そのリアリティたるや背筋が寒くなるが、だからといって何ができるというのか、この世界で生きる以外ないじゃないかという無力感にもさいなまれる。

けれど、少し立ち止まって考えたい。我々は本当に、そんなにも無力だろうか。社会を動かす巨大な力全体に立ち向かおうとすれば、たしかに途方に暮れる。待っていれば誰かがその支配構造を変えてくれるかといえば、そんなことはないし、むしろそうこうしている間にも情報支配社会は加速する一方だろう。だが、それぞれが自らの内側でこの状況に反旗を翻す力は、問う生き物としての人間である以上、残っているはずだ。ＡＩもアルゴリズムもデジタルネットワークも、使うのは人間だ。自分自身の想像力を主役にして、配役を決め直せばいい。そのためにどうしても必要なのが、情報を主体的に扱う「編集力」なのだ。「問う」自由を自分自身の手もとに取り戻すつもりで編集力を駆動すれば、まどろみから目覚める赤い薬は、日常のいたるところに落ちている。

私たちを覆うフィルターに穴をあけて、向こう側の世界にいつでも越えていける環境を整えよう。それを先導するのが、ほかでもない「未知」である。質のいい「未知」に出会うために、気になる人に会いに行く、見知らぬ場所に行ってみる、違う職種の人々と交流するなど、いろいろな方法があるだろう。どんな手段であれ、ちょっとした越境を起こす方向に自分を差し向けるつもりになるといい。昨今では、こうした境を越える出会いを積極的に起こそうと、企業では副業を奨励したり、学校では地域や外部人材と交流したりと、さまざまな環境づくりが模索されている。慣れ親しんだ風景から外に出るには、それなりの意図的なアクションが必要なのだ。

実は、私たちのとても身近なところに、世界中の豊かな「未知」にアクセスできるすこぶる有能な情報デバイス群がある。書物だ。

無数の世界に誘われる

——触発装置としての書物

2000年の歴史を持つ
書物というフォーマットが、
最先端の仮想空間として
世界に連れ出してくれる。
想像力を触発する読書には、
どんな秘密があるだろう?

書物という情報デバイス

本は、手のひらに乗るほどの小さなデバイスながら、世界中のありとあらゆるトピックを格納しうる器である。物語も哲学も歴史もアートも、料理もスポーツも歌も車も、およそ本になっていないテーマを探すほうが難しい。それぞれが「一冊」という物理的な単位になっていて、その中に情報の「構造」を持っている。特に紙の書籍は、重さや厚みや質感といった手触りをともなって、「このへん」から「あのへん」へとランダムアクセスができる。「あのあたり」という情報は、たいていページ数や見出しといった文字としてではなく、厚さの感じやページの具合といった大雑把な雰囲気で記憶されている。身体感覚でガバッと情報を捉えることができるのだ。

ショッピングモールにフロアマップがあるように、本にもマップとしての「目次」がついている。目次に目を通して、あらかた道筋を想定した上で、一気に中身に入っていける。迷子になったら、またマップに戻ってくればいい。

本はまた、本棚の中で物理的な所在（アドレス）を持っている。「あのあたりかな」と本棚を探す最中に、近隣の書籍のタイトルが目に入る。この散策中に、その後の探究の糸口となる未知との遭遇が起こることも多い。タイトルに惹かれてたまたま手にとった本や、書店の平積みで目についた一冊、あるいは自宅の本棚に積ん読してあった本があるとき急に気になりだす、ということもあるだろう。表紙で中身が閉じられているぶん、そこに伏せられた意味がこちらの想像力をキックする。

この書物という2000年の歴史を持つフォーマットは、人の知性を触発する「情報デバイス」としてすこぶる有能なのだ。「無知」が「未知」になり、そこから「既知」を経てまた新たな「未知」を呼び込むにあたって、以上のようなアクセシビリティをもった書物という情報デバイスが、おおいに機能する。「読書」というと、著者の言葉を理解したりそれによって知識を得たりといった、情報をインプットするための行為という印象が強いかもしれないが、それればかりではない。知識を獲得するためだけに本を読むのではなく、読み手の側の思考や想像力を触発する媒介として本を活用する、と考えてみると、書物はたんに生きたサポーターになる。

練習問題

12 本棚散策

練習問題10「芭蕉のメガネ」で見つけた「驚き」を思い出してほしい。せっかく芽吹いたそれらの驚きにちょっと真剣に向き合うつもりになって、図書館、書店に行って本棚の間を歩いてみる。ここでまた、普段なら通り過ぎている棚が気になってくるだろう。ふと目に留まった本を、あまり深く考えずに手にとって5~6冊集める。そして目次をパラパラめくって、気になる本だけ残す。「役に立つか」どうかは考えない。自分のささやかな「驚き」を念頭においたときに、特に気になる、もしくは気に入った3冊に絞って手元に置いておくこと。

本棚を探索するところから、すでに読書は始まっている。本の並びに目を走らせる中で、表紙の雰囲気やタイトルの気配が次々とこちらのレセプターにひっかかってくる。何も問題意識を持たずに散策すると単なる本棚でしかないものが、ほんの少し関心のアンテナを立ててめぐったとたんに、あちらこちらに突起が見えてくる。何が「アタリ」になるかわからないが、気になったものを片っ端から手にとって開いてみるといい。この段階では、思考が拡散するに任せる。「拡散的好奇心」を自由にしてやる段階だ。そこでまたこちらのイマジネーションが動く。そうしておいて、たとえば「3冊」と決めて、残す本を絞っていこうとすると、今度は自分の関心事に向けて思考が収束する方向に一気に逆回転が起こる。ここから「知的好奇心」が俄然張り切り始める。

書店で本を選ぶ、という誰にも開かれた行為でも、こちらの「注意のカーソル」と「記憶の倉庫」を惜しみなく動かし、棚に並ぶ「情報の塊」と、そこに出会っていく「セレンディピティ」をうまく使っていけば、ものの10分でも大きく思考をゆさぶることができる。「注意のカーソル」「記憶の倉庫」「情報の塊」「セレンディピティ」が入り組み合うときの威力は、選んだ本をいよいよ読む段階に入って、ひときわ加速する。

思考の縁側を確保する

スーパーで買い物をしているときの頭の中を思い出してみてほしい。カートを押しながら売り場を回っているとき、冷蔵庫の中身と照合しながら品物を点検していることがあるだろう。「今夜の夕食は何にしようかな」と思いながら野菜売り場をめぐるうちに、頭の中は高速に冷蔵庫の中の様子をスキャンし始める。青々としたキャベツが目に入るや、「キャベツ＋○○」というお題がピンと立つ。脳内冷蔵庫を探索しながら「あ、ひき肉があったな」と思う。「よし、ロールキャベツだ」とメインが決まり、「じゃあもう一品は魚かな」という具合に、先行するおかずの案や冷蔵庫の中身がフィルターとなって、陳列商品を注意のカーソルが探索するようになる。

そこに、家族の状態や昨日までの夕食の献立、明日のお弁当のあるなしなど、さまざまな条件が加わって、今夜のおかずと買い物カートの中身が決まっていく。料理はしないということであれば、服を買いに行ったショッピングモールと自分のクローゼットの関係に置き換えて考えてみてもいいだろう。

店頭の品揃えという膨大な情報をすべて吟味しなくても、そのときの自分の側の状態に照らして必要な情報をピックアップできる。スーパーの陳列棚と、冷蔵庫の中身を含めた買い手の状態が混ざるところで、今夜の献立と買うべきものが決まっていく。何も想定せずに買い物リストを考えるほうが、よほど難しい。

読書という体験も、理屈は同じだ。自分の今の問題意識、どんなアウトプットをするか、手持ちの知識、その先に何を考えたいか、といった所与の条件があるほうが、一冊がはるかに大きな意味を持ってくる。それが小説やマンガや写真集のような、ただ耽溺《たんでき》したい読書であっても、自分の想像力がくすぐられているときのほうが読書体験は豊かになる。

そもそも本を読むというのは、一方的に情報を得るだけの行為ではないのだ。テキストで表現されたことと自分の想像力が「混ざり合う」、著者との相互編集活動だと思ったほうがいい。書き手がバラバラになりそうな思考をなんとかひとつの流れにのせて紡いでいく言葉に、読み手の想像力が「いいぞ!」と感心したり「そうか?」と疑義を唱えたり「ちょっと待てよ」とあらぬ方向に寄り道をしたりしながら、著者と読者の間に思索の可能性を切り開いていく行為なのだ。

今この文章を読んでいるこの瞬間も、「著者である私」が紡ぐ言葉と「読者であるあなた」が感知することの間には、無限の意味の可能性が開けている。与えられた情報としてただ飲み込むのではなく、今自分の目の前に投げ出された問いとして著者の言葉に出会っていくのだ。本はいつでも一定のフォーマットでどこかに佇んでいる。偶然を迎えにいく意志さえあれば、いつだってやってくる偶然として自分のところに届くものだ。

そのことは、YouTubeでもインスタグラムでも同じ条件ではあるけれど、静止した文字というミニマムな情報であるほど、想像力に託される領域は大きい。インプットされる情報密度に反比例する形で想像力の可動域が生まれていくともいえる。脳内で何らかのイメージに変換せざるをえない文字情報は、はなから「伏せて開ける」構造にあるのだ。

もっと言えば、自分と混ざり合うのは「書かれた言葉の意味」だけではなく、その奥にある著者の世界観や書いている時点で取り入れた文脈、著者の日頃のものの見方や問題意識などといった思考空間とその編集プロセス全体なのだ。いわば、著者の「編集構造」が自分自身のその時々の「編集構造」と混ざり合う、ということだ。冷蔵庫の中身とここ数日の体調と市場に出回る旬の食材によって「今晩の献立」が変わるように、日々刻々と動いている読者の側の思考の状態や編集の構造によって「読み」も変わる。

ただし、反射的に言葉を飲み込んでいては、そうしたコラボレーションはおこらない。著者と自分が「混ざり合う」ためには、思考にも歩きまわったり立ち止まったり比較照合したり迷ったりする「場所」が必要になる。思索のマイクロスリップを許容するバッファ領域を確保するのだ。書物という物理的なオブジェクトをそのための「仮の場所」として、イマジネーションの中に思索の場所を設けてみよう。自分のウチとソトが混ざり合うあわいの場所としての「縁側」が、思考の領域においても必要なのだ。

ここで小休止。「やってくる偶然」と「迎えにいく偶然」が出会う「多次元の空間」として、本を活用していく方法を紹介しておこう。コラムのナビゲーションに沿って、「触発装置としての書物」の扱い方を試してみていただきたい。「まだ読んでいない本」を一冊手元において、20分程度の時間を確保して、どうぞ。

コラム

「読み」と「問い」の連鎖を起こす「探究型読書」のすすめ

何らかのテーマを探究するために本を活用する読書法を、編集工学研究所では「探究型読書（Quest Reading）」と呼んでいる。本の内容をあまさず理解することよりも、本を手がかりにして思考を進めることを目指すアプローチだ。自分の問題意識や仮説をフィルターにして本から情報をすくい上げ、それによってまた自分の仮説を進めていく。探究型読書においては、徹頭徹尾、主体は読者の側にあって、読者の側の疑問や好奇心で読みを引っ張るというスタンスをとる。「問いが先導する読書」と言えるし、「問いを導く読書」でもある。この最初に設定する先導する問いを、「Quest Topic」と呼んでいる。

読書は、本文を読んでいる最中の行為だけを指すものではない。本に出会っ

「問い」が先導する「探究型読書」

「問題意識」と「本」のあいだに、自分を置く。
(今何のためにこの本を読んでいるのか?)

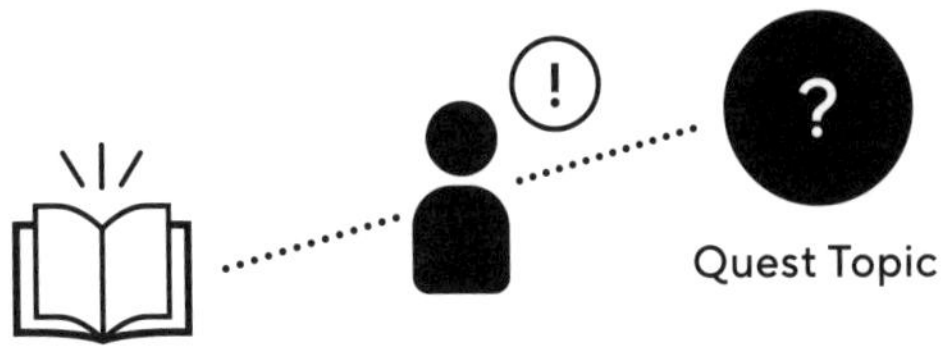

て内容を想像するところから始まって、実際に本文に目を通し、読み終わった後にさまざまに考えをめぐらす過程まで含めて、読前、読中、読後のすべてのプロセスが読書であると考える。

物は試し、探究型読書を実際にやってみてほしい。「Quest Readingノート」(次ページの二次元コード)をダウンロードして両面印刷をすると、一冊分の探究型読書のノートとして活用いただける。

STEP 1 読前：目次読み

探究型読書では「読前」がとても重要。本

Quest Reading ノート

下記コードより
DLできます。
ぜひ、ご活用ください。

ID:discover3093
PASS:edit
https://d21.co.jp/formitem/

探究型読書の3ステップ

読前・読中・読後で本と対話する。

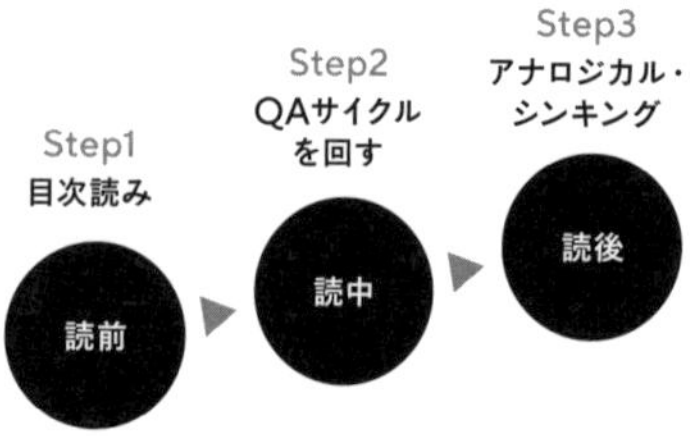

文を読み始める前に、本に対して自分なりの想像力を働かせておこう。この読前のひと手間をかけることで、読者は受動的な読み手から主体的な本との対話相手へと変身することができる。

読前では、まだ本文に入らずに表紙と目次だけに目を通す。その際も単に文字を読むのではなく、「伏せて開ける」効果を使いながら本の輪郭をつかんでいく。情報は「伏せる（隠す）」ことで「開いた」ときの印象が鮮明になる。私たちはインプットされた情報によってのみ事象を認識しているのではなく、その情報の「不足（ない状況）」によって自分の想像力を刺激し意味をつくり出している。「伏せて開ける」ことによって、想像力が存分に動き出し、読書体験を一気に深めることができるのだ。

①表紙まわりを眺める

表紙、裏表紙、ソデ、オビなど。「この本はどんな本だろう?」と想像力を働かせながら表紙の情報を吟味する。

②目を閉じて、表紙の情報を思い出す（伏せる）

タイトル、著者名、オビの文言など、表紙を見ずに思い浮かべてみよう。さっき見たはずの情報なのに、あちこち思い出せない空白だらけになることだろう。それで構わない。

③目を開けて表紙を確認する（開ける）

今思い出せなかった空白に、情報が流れ込んでくる。「伏せて開ける」ことによって、情報がより印象深く刻まれ、想像力をかきたてる。

同様の手順で、目次も読んでいく。目次の1ページめに1分ほど目を通したら、10秒ほど目を閉じて書かれていたことを思い出し、目を開けて確認しよう。

これを、目次を読み切るまで繰り返す。目次の大きな構造をとらえるつもりで頭に入れるようにするといいだろう。目次は本の設計図であり、読書のための地図になるものだ。

表紙まわりや目次から、キーワードを抜き出しながら、落書きするようにメモしていく。それを組み合わせたり、並べ替えたりすると、本の輪郭がだんだんとはっきりしてくる。

もう一歩進めて、この一冊を読み終わったあと自分は何を思っているか、という読後の自分を想像してみよう。「読前」の仕上げとして、3〜4人でグループになって、「Quest Topic」と選んだ本の共有をすることをおすすめする。どんな問いの束があったか、なぜその本を選んだのか、どんなことが書いてありそうか。「あたかも読んだかのように」仲間に伝えてみてほしい。脳は振る舞いに騙されるので、「読んだつもり」で話をするとそれを追いかけるように想像力がフル回転し始める。

STEP 2 読中：QAサイクル

いよいよ本文に入っていくが、探究型読書では頭から一字一句を読む方法はとらない。読前に立てた仮説や自分の問題意識を頭に置きながら、ザクザクとページをめくっていこう。著者はたいてい、文中に小さな「問い」とその「答え」を組み込みながら本文を構成している。著者の問題意識とそれにまつわる発見といってもいいだろう。こうした著者の「問い＝Q」と「答え＝A」を追いかけるつもりで、どんどんページをめくっていく。まんべんなく理解しようとするのではなく、あたりをつけて、本の趣旨やメッセージ、キーポイントを素早く読み取っていく読み方だ。

このときに、自分の「問い＝Q」と「答え＝A」も同時に立ち上がるように意識しよう。本文を読みながら浮かんできた疑問（Q）や、新たな考えとして発見できたこと（A）など、自分の頭で起こるさまざまな変化にも意図的に注意を向ける。本文を読み進めていると、つい著者の言い分を汲み取るほうに思考が引っぱられるが、探究型読書においてはあくまで主体は読者だ。読み手の想像力のほうに軸足を置き、著者の「Q」と「A」を活用しながら、自分の「Q」と「A」も豊かに引き出していくことを目指す。

この要領で、新書一冊であれば10～20分で目を通す。もちろん、すべてを読み切れるわけではない。どんどんページをめくりながら気になるところは少し手を止めて前後にしっかり目を通すなど、緩急をつけながら読み進めよう。目次を手がかりに、気になるところから拾い読みする形でも構わない。

STEP 3 ― 読後：アナロジカル・シンキング

本文を読み終えたら、一冊の本から得た情報が「何に似ているか、何と関係ありそうか」というアナロジー（類推力）を働かせて、自分や周囲の事象との関係線を発見していく。こうした読後のアナロジカル・シンキングによって、読書体験は深く印象に刻まれ、一冊との出会いが格段に豊かなものになるのだ。

最後に、「Quest Topic」に照らして思うこと、仮説や疑問や問題意識を書き出しておこう。改めて考えたいこと、本との対話によって引き出された問いを、次の「Quest Topic」としてメモしておく。

これで探究型読書はひととおり終了。複数人で試していれば、再度グループで考えたことを交わし合っておくといい。お互いに違う本を読んでいても、「問いが先導する読書」体験を終えた直後では、どんな情報も自分の想像力を触発してくれるはずだ。もしもワークショップのような形で対話をするなら、「〜さんの話にもあったように」「それを聞いて思ったんだけど」など、人の発言を何かしらの形で引き取るようにすると、不思議なくらい対話はつながっていく。

最後に、探究型読書と対話の時間を通して最も心をつかまれた問いを残しておく。その問いをもちながら再度本棚に行くと、また気になる本がどんどん目に飛び込んでくることだろう。こうして、外部知を取り込みながら問いから問いへの連鎖を起こしていくなかで、思考の土壌はだんだんと「問い体質」になっていく。

読書は「略図的原型」で進む

どんな言説も、自分の想像力と交わらないと、理解することも解釈することもできない。頭から最後まで一応は読んだはずなのに、しばらくたって思い返すとほとんど内容を覚えていない、という読書体験が誰にもあると思うが、そういうときは、読み手の想像力が動いていないときなのだ。文字通り「字面を追った」状態だろう。逆に言えば、何かしら読み取れているときは、著者との想像力の交換が起こっている。

読者は読みを進める過程で、知らず知らずのうちに著者から何かしらの影響を受けている。直接相談を持ちかけたわけでもない、境遇も価値観も生きる時代も異なる著者から、今の自分が影響を受け触発されるというのは、考えてみれば不思議なことでもある。音楽でも絵画でも映画でも、自分に向けて放たれたわけではない表現が、「今の自分に刺さる」体験として届くのはなぜだろう。表現されたものと受け手の想像力のあいだに、何らかの照合がおこらなければ、「感動した」も「考えさせられた」もおこらない。

人間はもともと、あらゆるものを略図的に捉えるようにできている。人の顔も、場所の特徴も、誰かの話しぶりの印象も、すべての情報をあまさずインプットすることはできないから、ざっくりと略図化して捉えざるをえない。モノマネや風刺画などは、略図化された特徴を大幅にデフォルメしたものだ。略図化するからこそ、何かと何かが似ていると思ったり、そこからの連想が働いたりという思考の自由度が生まれる。編集工学ではそれを「略図的原型」といって、認識のレベルの階層性として捉えている。人が「らしさ」や「っぽさ」を感知できるのは、この略図的原型によって情報を操作できることによる。

「略図的原型」には、「ステレオタイプ（典型）」「プロトタイプ（類型）」「アーキタイプ（原型）」の3つのレイヤーがある。「〜といえば○○」といった表層的な連想からくるステレオタイプ（典型）、「○○とはつまり〜」と事象の概観を捉えるプロトタイプ（類型）、「○○はそもそも〜」と起源をたどるアーキタイプ（原型）だ。

たとえば「地と図」のところで登場した「お弁当」（↓P.85）を略図的原型で捉えてみると、こんな感じになるだろうか。「お弁当といえば、幕の内（ステレオタイプ：典型）」、「お弁当とはつまり、持ち運べる器に食事を詰めたもの（プロトタイプ：類型）」、「お弁当はそもそも、屋外の労働に出かける際の食事として、古代からさまざまな形で携帯されたもの。また『弁当』という言葉は……（アーキタイプ：原型）」。

「お弁当」と言われて頭に思い浮かべるものは、人それぞれ、その時々で違ってくるが、ひとまず「お弁当」という情報を共有することはできる。この「ひとまず共有できる」のに「時と場合と人によって違っている」というところに、想像力の秘密があるのだ。文字列の並びとしては同じ情報を提供している一冊の本も、誰がいつ読むかでそこから読み取られる情報が変わるというのは、人によって略図的原型の動き方が違うということでもある。このことに意識的になるだけでも、静止した文字を読む読書という行為が、とてもダイナミックで時にアクロバティックな営みに思えてくるだろう。

探究型読書では、本から読み取ったことが「何に似ているか、何と関係ありそうか」というアナロジー(類推力)を働かせて、本と本の外の世界をつないでおくという、読後の一手間をおすすめしている。その人の略図的原型を動かして、本と自分を結び直す作業でもある。

読む力、問う力

人が「読む」のは本に限らない。顔色を読む、心を読む、筋を読む、技量を読む、空気を読む、流れを読む……。「読む」とは、そこに動く「意味」や「意図」に挑み、自分の解釈に乗せていく行為だ。ただ、「意味」や「意図」は常に単線的ではなく複層的に絡み合うものなので、はなからその複雑さを相手にするのだと思うことが、「読み」の力を上げていく。どんな情報にも「デノテーション」と「コノテーション」（→p.68）があり、幾層もの略図的原型が潜んでいて、引き出される角度やタイミングによって千変万化するのだ。その中から、自分にちょうどいい情報を便宜的に選択して仮の納得をしているにすぎない。では、その背景には何がある？　違う角度から見たらどう見える？　自分が今得た仮の納得は、はたしてどこまで的を射ている？　さてこれらのことを、どう読むか。

こうした「読み」の技量は、読書にとどまらずなんにせよ鍛えたほうがいい。市場の動向、チームの状態、部下のポテンシャル、パートナーの胸の内、一寸先の未来、などなど。ぼうっとしていては汲み取れないものを察する、そこに介在する力が「読み」なのだ。「読み筋」の良し悪しが、この複雑な世界を生きる私たちの命運を少なからず左右すると言ってもいい。

「本を読む」といういたってシンプルな行為は、実は人間の「読み」を通しての根本的な生きる力を深いところで鍛えるエクササイズにもなっているのだ。著者の意図や、言葉が背後に連れている意味を、いかに読むか。自分の読みを人と交わしたり、あるいは他の人の読みに重ねてみたり、といった検証もできる。世の優れた書評は、読みのモデルになるし、時には自分の読みをアップデートするインストラクターにもなってくれる。「自分はその程度にしか読めていなかったか」という気持ちのいい敗北感は、本にとどまらずどんな自分の「読み」にも波及させることができる。

こうした「読み」を深くも確かにもするのが、「問い」である。最初に仮説的に置いておく問いのみならず、読み進める過程で自分の内側から次々と泡立つように湧き出てくる小さな問いの群れが、「読み」を加速させる。そうして読みが深まるほどに、また「問い」が引き出される。この連鎖が、「問う力」を強くする。

一冊の本を介して「読み」と「問い」が触発される感覚を実感できたら、それらがどうつながり合って意味の網目を形作っているのか、その関係線の発見へと向かっていこう。

リンキングネットワークの拡張へ

関係の発見

「問い」も「情報」も単独ではいられない。
かならずや「その先の問い」や
「そこにいたる情報」につながって、
ネットワークされている。
では、問いの連鎖は意図的に
起こせるものだろうか？

言葉の網目と問いの網目

本はまた、何かしらのテーマにおいて一冊単体では完結していない「意味のパッケージ」だ。本がノード（結び目）だとすると、その間には無数のリンク（関係線）が張りめぐらされている。本を構成している文章もその構造にあって、それ自身で独立して成立するものではなく、先行する多くのテキストとの関連の中で成立している。このことを、フランスの哲学者ジュリア・クリステヴァ（1941-）は「間テクスト性／インターテクスチュアリティ」と言った。

それ自体で完結する意味を伝達したり交換するためのツールとみなされていた「テキスト（文字情報）」を、周辺の環境（社会、歴史、文化など）との関連の中で捉えなおそうとする思想である。クリステヴァは、テキストを絶えずその外部と交信する空間とみなした。書物が思考の縁側になりうるのは、テキスト自体のそうした「場」としての性質によるところでもある。

クリステヴァの師匠でもあるロラン・バルト（1915-1980）は、こうしたネットワークとしてのテキストの働きについて「作者の死」というエッセイの中でこう記している。

われわれは今や知っているが、テクストとは、一列に並んだ語から成り立ち、唯一のいわば神学的な意味（つまり、「作者＝神」の《メッセージ》ということになろう）を出現させるものではない。テクストとは、多次元の空間であって、そこではさまざまなエクリチュールが結びつき、異議をとなえあい、そのどれもが起源となることはない。テクストとは、無数にある文化の中心からやって来た引用の織物である。

『物語の構造分析』「作者の死」ロラン・バルト（みすず書房）

「作者」がテキストを支配する世界では、「読者」は作者が提供する唯一の意味を解読する存在だった。だがテキストは本来、読者によって「ふたたび書かれうる」ものだというのが、ロラン・バルトが指摘したことだ。

テキスト（言葉）が「絶えず外部と交信する多次元の空間」であるという見方は、先に紹介した探究型読書の根幹を支える考え方でもある。探究型読書では、本に書かれたテキストを、あくまで著者やその先行者と自分自身の想像力が混ざり合う空間的な踊り場であると考える。ロラン・バルトのいう「作者の死」は、作者と読者の主従関係を反転させる提案だった。何かを探究する精神で本に入っていくのであれば、「作者が書いたこと」を読み取るにとどまらず、「そこに書かれた言葉によって自分の想像力の中に何がふたたび書かれうるのか」、を読むことが読書となる。

著者と同じように一冊の書物に参加することが読書であるし、もっと言えば、著者に代わって複数冊の書物の間に新しい意味を見出すのは、読者なのである。ロラン・バルトは先の引用で、テキストを「多次元の空間」であるとして「無数にある文化の中心からやって来た引用の織物」と言った。そして「作者の死」の最後でこう添えている。「しかし、この多元性が収斂《しゅうれん》する場がある。その場とは、これまで述べてきたように、作者ではなく、読者である」

読者は常に、自分の中にコンテキスト（文脈）をつくりだす自由を持っている。そのコンテキストを、本をノードにして跨いだりつないだりしていくこともできる。所与の「間テクスト性」を使って自ら「間テクスト」を発見していくことが、本を読むということなのだ。想像力のリンキング・ネットワークを拡張していく活動なのである。

テキストと同様に、問いも「間（あいだ）」を持っている。「問い」はたいてい、単独で生まれるものではない。問いと答えの往還、その間にある脇道、それらが連なり合う情報の連鎖の中で、問いはまた次の問いを生んでいく。

「間テクスト性／インターテクスチュアリティ（intertextuality）」では、どんなテキストもそれ単体では存在せず、何かしらの引用を連れているとクリステヴァは言った。その見方を借りるとすれば、「問い」もまた、何かしらの参照問いを連れている。さしずめ「間問性／インタークエスチョナリティ（interquestionality）」とでも言いたい。

今そこで生まれたかのように見える、意味や見解や問いや言説は、次から次へと情報が移されていく中での連鎖の鎖のひとつとして、意味のネットワークをつないでいる一つのノードである。

私たちは常に何らかのものからの影響を受けている。それは、今現在の周囲の環境からの影響もあれば、過去からの影響もある。時空の旅をしてきた価値観や概念が今自分に届いている、と見てもいい。文化とは、遠い過去からの模倣的影響の集積であるともいえるだろう。歴史の中で、私たちの思考はひとかけらも独立してはいないのだ。

松岡正剛の読書風景

もう10年ほど前のあるとき、出張の帰りの新幹線で松岡さんの隣に座らせてもらったことがある。しばらく雑談したあと、松岡さんはバッグから本と赤ペン・青ペンを取り出して、読書タイムに入った。日々大量の本を相手にしていることはもちろん知っているが、実際どんなふうに読んでいるのか、どんなふうに本を扱っているのか、オフィスの一角の書斎で連夜繰り広げられているであろうその活動の様子は、思えばほとんど見たことがない。

千載一遇のチャンス、と、横目でこっそり「本を読む松岡正剛」を観察し始めた。ゆったりとした所作で本を開き、愛用の赤のVコーンで線を引いてはページをめくる。丹念に前に進んだかと思うと、一気に数ページ戻って、そこに青のペンでマーキングをして、また現在地に戻る。読書というのは、本のページを前から後ろに順繰りにたどっていくものと思い込んでいたが、松岡さんの読書はそんなにおとなしいものではなかった。バスケットボールの選手がピボットを踏んだり、ラグビーのスクラムから急にボールが展開したり、サッカーのキーパーが大きく蹴り返したりするような、高速な行ったり来たりやストップ&ゴーで構成されていた。

ザッザッと線を引く音、前に後ろに手繰られるページの紙擦れと精妙な指の動き、時折本から目を離して窓の外を見やる数秒、再び本に目を落として丹念に書き込む記号や文字……。そこに生じているリズムが舞踏のようにも見える。これは、何をしているのだろう？頭の中はどうなっているのだろう？　としばらくジロジロ眺めていたときに重なった映像が、空高く凧を受ける凧だった。まるで凧糸をクイックイッと引っ張るかのように、本と自分の間合いを調節しながらいっぱいに風を含んでいるように見えたのだ。

それは、私が思う「読書」の諸相とはまったく違った。アスリートのような、オーケストラの指揮者のような、フィジカルにもメンタルにも鍛錬の痕跡がにじみ出る所作の連続体だった。本と2色のペンを動かし続けるその手元越しに、自らのイメージの束を自在に手繰りながら、高く想像力の翼をひろげていくもうひとりの松岡さんが、AR（拡張現実）

のように見えたのだ。なんて自由なんだろう、と思った。その自由さにショックを受けて、しばらく固まっていた。

それ以来、「本を読む」という行為がスポーツにも遊戯にもなりうることに、その「なりうる」からくりの奥にある「考える」や「思う」ということの自由に、ほのかな好奇心と憧れを抱き、それはいつしか自分が取り組むべき「お題」になっていた。本の風を受けて空高く昇っていくような自由思考状態を、いつか松岡さんの頭の外側に再現してみたい、と思ったのだ。そこには、明らかに思考のためのフィールドやグラウンドがあった。読書とは、思考のための「場」をつくり出す行為なのだと合点したのは、このときだったかもしれない。

以来、松岡さんから読書と編集力の秘密をさまざまな角度から教えていただきながら、あのとき固唾を呑んで見つめる以外なかった松岡さんの頭の中で何が起こっていたのかを、何度も考えた。そうして、本によって自由編集状態に入っていくプロセスを、誰もが扱える「型」として取り出すことを試みたのが、先に紹介した「探究型読書（Quest Reading）」である。何をおいてもまず、著者と読者の主従関係をひっくり返すことを提案したかった。ロラン・バルトの言う「多元性が収斂する場」としての読者像を出現させたい。本はそんなにじっとしてはいないし、読書とは思うほど静かなものではない。自分の思考を解き放つために、縦横無尽に本に働いてもらうのだ。

誰かが凧を掲げて、誰かが糸を持って走る。凧が想像力だとすると、受ける風は本から立ち上がる数々の問いや発見で、その間で適度なテンションを保つのが読者の側の問題意識だ。探究型読書で設定している「Quest Topic」は、このテンションを保つための仮の問題意識である。

一度気流をつかんだら凧は無限の未知という大空に向かって悠々と上がり、次々と読者の内側から本来の問いを引き出してはさらに力強く風を受ける。自分の頭の中の問いを手放すと、凧は失速して地面に落ちる。受動的に字面を追うだけの読書は、風を受けない凧のようなものだ。いくら糸を引いてみても、凧が空を知ることはない。

読書と思考の関係は、スポーツや音楽や料理やゲームのようには、人前でオープンにすることが難しい。ましてやその過程で頭の中に生まれていくさまざまな発見や変化を人と交換するとなれば、なおのことだ。けれど、世界中の未知を運ぶ本という情報デバイスと、いくつもの文脈を内包しうるテキストは、どんな「読み」も無限に引き受ける器になる。その器の中身を互いに持ち寄り、混ぜたり交換したりするうちに、ひとりではたどり着けないような見方が創発するのだ。

企業や学校で繰り返し探究型読書をナビゲートする中で、本を媒介にした思索や対話の威力を幾度も目の当たりにした。「読書の概念が変わった」「本への苦手意識が消えた」という声は多く聞いたが、体験した人の多くに最も強い印象を残していたのが「本を媒介にするとコミュニケーションが格段に豊かになる」という新たな感覚だったようだ。書物という共通の器を介すると、ふだんは届かないような深いところにまで思索が進み、その深度で対話が繰り広げられる。

その説明しがたい感覚に互いに驚きながら、本を手にして生き生きと自分の言葉を紡いでいく姿を、高校生から企業役員までの多くの人々に見てきた。誰かが凧を掲げ、誰かが糸を持って走る。本からの風を受ける自由思考状態が、チームになると格段に起こりやすくなるのだ。その中で生まれる発見や問いは、日頃の思考領域をやすやすと越えるらしい。自分はそんなことに関心があったのか、と眠っていた好奇心に気がつく人も多くいた。本が対話を媒介することで、「場のダイナミズム」というべきうねりが創発していた。あとは、本によってドライブするこの思索や対話の深度と速度を、どうすれば日常の中で何度でも呼び戻してもらえるかだ。

ロラン・バルトが言うように、本もテクストも多次元の意味を交差させる「場」であるのだが、その観念的な場所性を引き出すためには、それらを扱うための物理的な「場」があることが肝要なのではないか。探究型読書で体験される「見方の創発」を、半ば自律的に起こせる手触りのある「場」を、オフィスや学校などの公共空間につくり出すことはできないか。松岡正剛の読書風景という雷鳴の一撃から始まった、本が想像力に及ぼす威力を解いて再現するというお題は、やがてそれを起こせる具体的な「場」や「装置」はいかにして成立しうるかという次のお題へと進んでいく。「問い」が連鎖する場があるとしたら、そこにはどんな性質があるのだろうか。

才能を引き出す場のダイナミズム「連《れん》」

江戸時代には、「連」と呼ばれるコミュニティが都市部のそこかしこに存在した。職業の領域を超えて人が集い、さまざまな創作活動が発露した経済文化サロンである。松尾芭蕉、井原西鶴、伊藤若冲、与謝蕪村、葛飾北斎、杉田玄白、蔦屋重三郎……、これらの才人たちは、みな「連」によってその才能を開花させていった。俳諧や浮世絵や落語から、博物学や医学まで、その後の日本の生活文化や経済文化の礎となる多彩な価値が、連から創発し爛熟していったのである。

江戸文化研究者の田中優子（1952-）さんは、江戸時代に生まれた「連」は西洋におこったサロンにきわめて近いとしながら、日本の場合は、完成された個人がいてその集まりとしてのサロンがあるのではなく、「場」のなかでいかようにも変化しうる未完の個人として場の一部になるのだ、と指摘している。しかし、そうした「場」と「個人」の関係は、江戸を最後に見られなくなったと言う。

場は個人の次元とは異質な次元をつくりだすので、個人であることに固執する者はいない。近代になって場が消滅するのは、場における相関的な個ではなく、無条件で絶対的な個に、より高い価値が置かれたからである。

『江戸はネットワーク』田中優子（平凡社）

連にあったような「場のダイナミズム」は、西洋的な個人主義とは違った次元で捉えなければ再現できないようだ。人の集まりとしてのサロンではなく、ある動的な生成の勢い

を共に生み出すような場では、個人は他者や共同体に一体化するのではなく、むしろ他者と離れながらあくまで連なる、という特徴を持っていた。そうした連環が自然発生的な流れを生み、その流れが新しい文化を次々と創発させた。

たとえば、江戸の出版プロデューサー「ツタジュウ」こと蔦屋重三郎のサロン。吉原の一等地に書店を構え、そこに徐々に吉原に通う人たちが集いはじめてサロンとなり、多くの才能を発掘し育て一座を組んでいった。山東京伝や喜多川歌麿などの浮世絵師が絵を描き、当時人気を博していた狂歌本を出版してはさらに人を呼んだ。彼らの盛んなおしゃべりから咄家が生まれ落語という様式が発生していく。このように、江戸のサロンは別のサロンや文化様式を派生させていく性格も持っていた。こうした例は枚挙にいとまがない。

昨今、オープンイノベーションと言われる試みが多くあるが、江戸の市井の中から連打された創造性を重ねて見てみると、いまひとつ場の力が発揮しきれていないようにも思える。日本人はおそらく「連なる」ことを得意としている。自らの価値を表明して利害関係を調整していく主体性より、他者のあとを少し引き取って気の利いた何かを加える俳諧的な共創の一部となるほうが、この国の根源に流れる気質には本来あっているように思う。

連の方法は、ひとつところに釘づけにされてしまった視点を相対化する方法として現れることもある。(中略)相対化はまた、固定したものを笑いほぐす俳諧化の方法にも通じているだろう。

『江戸の想像力 18世紀のメディアと表徴』田中優子(筑摩書房)

おそらく連の人々は、何かにかこつけては相互に才能を引き出し合い、想像力を自由にする風をお互いに送り合うような連なり方をしていたのだろう。共創の成果ではなくむしろそのプロセスにこそ価値を置くような連なり方だ。松尾芭蕉は連句の教えとして「文台引き下ろせば即反故也」と言った。文台は連句を認める懐紙を乗せる机のことで、つまりそれを終えてしまえば書かれた連句は反故=ゴミである。でき上がったものよりもそこにいたるプロセスこそが連という場の作品なのだという意味だ。

そこでは、単に目の前にいる人同士が互いに認め合うというばかりでなく、人づてに伝わる先達の知や、神に寄せて共有される地域の物語といった過去からの風も含め、交わし合う言葉の背後に無限の網の目を張りめぐらせている「間テクスト性」を、よくよく自覚しながらのコミュニケーションが起こっていたのだろうと思う。独立し閉じた個人としてではなく、半ば場に対して開かれた才能の芽吹きとして、どんな発露も歓迎された場だったはずだ。そうした場には常に、才能を入れて交わらせるに足る器があった。歌や本、絵画や物語など、かこつける何かが媒介となり、江戸の文化は爛熟《らんじゅく》期に入っていった。

大量の情報の中で視点が動きにくくなっている現代にこそ、「連」のような場のダイナミズムが切望されているように思う。才能のダイバーシティを顕現させ、見方のイノベーションを誘発する自発的なネットワークとして、人々が互いに離れながら連なっていく現代の「連」が期待される。そこには互いに「かこつける」何かが必要になるが、背後に意味のネットワークを連れている想像力の器としての本が、その役割を担えるはずだ。

探究型読書を展開しながら確信していった本による「見方の創発」を、具体的で物理的な「場」として実装しよう。このイメージのもとに、編集工学研究所は探究型読書のメソッドを搭載したコミュニケーション誘発装置を開発した。名前は、「ほんのれん」という。確とした意見を持つ個人同士のコミュニケーションよりむしろ、本にかこつけて、本に誘われることで、人々が柔らかく場に巻き込まれていく。本を媒介に引き出される誰かの言葉にはっとして、自分の内側から思いも寄らない「問い」が湧き出てくる。「問い」の芽吹きをサポートする装置として、「ほんのれん」の挑戦の一端を紹介したい。

コラム

問いと本と対話を創発する
一畳ライブラリー「ほんのれん」

「問い」と「本」と「対話」の力で場に創発を促すコミュニケーション・ハブ装置「ほんのれん」。編集工学研究所と丸善雄松堂が共同開発し、全国の企業・地域コミュニティ・大学・高校等に導入が始まっている。

一畳ほどのスペースにすっぽりと入るテーブル型の本棚に、編集工学研究所が厳選した100冊の本を設置し（百考本）、そこに毎月「問い」とその問いを考える5冊の本が届けられる（旬感本）。スタンディングバーのような本棚テーブルを囲んで、それぞれ本を手に「今月の問い」をきっかけに対話を弾ませていく。

「問い」と「本」の力で対話をおこす
コミュニケーション・ハブ装置「ほんのれん」

「連」が「連句」などのゲームやルールによって活性化していたように、「ほんのれん」も本を使った対話のプロトコルを用意している。「探究型読書」のメソッドをぎゅっと圧縮した、30〜40分ほどの「旬会（しゅんかい）」と呼ばれるワークショップだ。「旬感本」5冊と、「旬会」のガイドを兼ねた「旬感ノート」を手すりに、本で連なる体験を手軽に楽しめるようになっている。

毎月届く「問い」（今月のテーマ）は、連句で言うところの「発句」のようなものだ。『働く』ってなんだ？」「環境問題、何がモンダイ？」「時は金なり？」など、身近だけれど普段は正面から考えることのないような問いが「問いのれん」とし

世界と自分をつなぐリベラルアーツ100冊「百考本」、社会と自分の旬を感じる
5冊の「旬感本」、それらを扱うさまざまなツールが搭載される

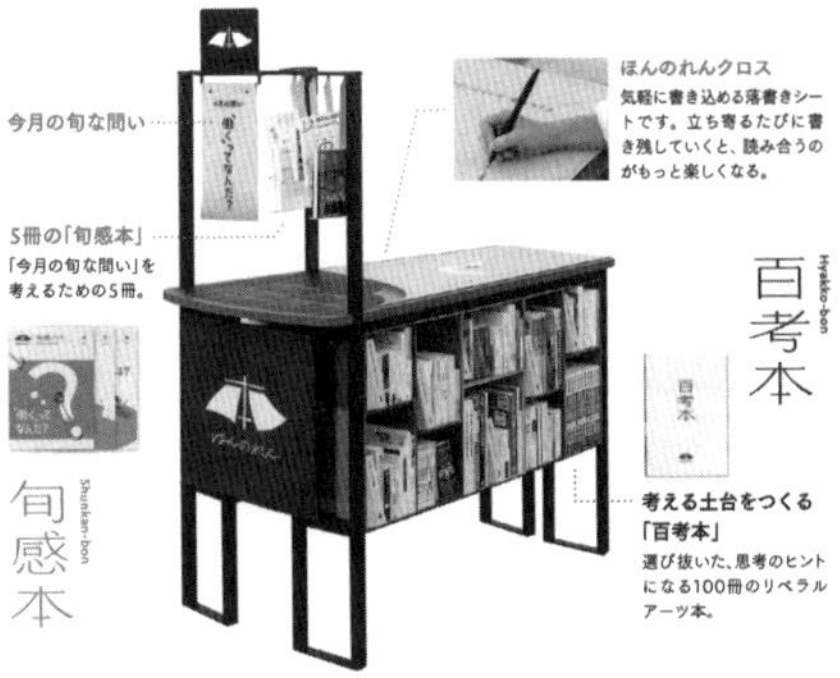

て掲示される。その問いをめぐって、本を媒介にさらに問いから問いへと連鎖が生まれるのだが、しまいには発句は忘れられて構わない。芭蕉が指摘したように、最も大事なのは作品や成果や結論ではなく、発句を皮切りに連なっていく連鎖のプロセスなのだ。本にかこつけては互いの見方を連ね、本の背後に張り巡らされた網目の中で日頃は届かないような視野に行き当たる。探究型読書で多く聞かれた「本を媒介にするとコミュニケーションが格段に豊かになる」という感想は、この動的なプロセスの所産をよく表している。

企業では、部署の垣根を越えたコミュニケーションの機会としたり、研究や事業のテーマ開発に活用したり、チーム力強化のプログラムに組み込ん

今月の「問い」、旬感本、旬感ノートが毎月セットで届けられる

だりと、使い方は実にさまざまだ。学校では、探究学習への活用や新たな読書習慣づくりに、地域コミュニティでは市民と行政の対話の場づくりの役割も担う。活用方法は多岐にわたれどいずれにも共通するのは、「いつもと違うことを考え話す場」として「ほんのれん」が使われていることだろう。「フィルターバブル脱出装置」と言ってもいい。日常の中にあって九鬼周造の言うような「驚き」にいかに出会うか、過ごし慣れた場所でどうセレンディピティを呼び込むか。

そして「ほんのれん」は、組織の垣根を越えたさらなるつながりを目指している。企業と企業、企業と高校、大学と地域など。同じ問いと本のラインナップのもとに、職業も立場も年齢

全国に広がるほんのれんネットワーク。多様な背景の人々が、
本を媒介に同じテーマを考え、対話をする。

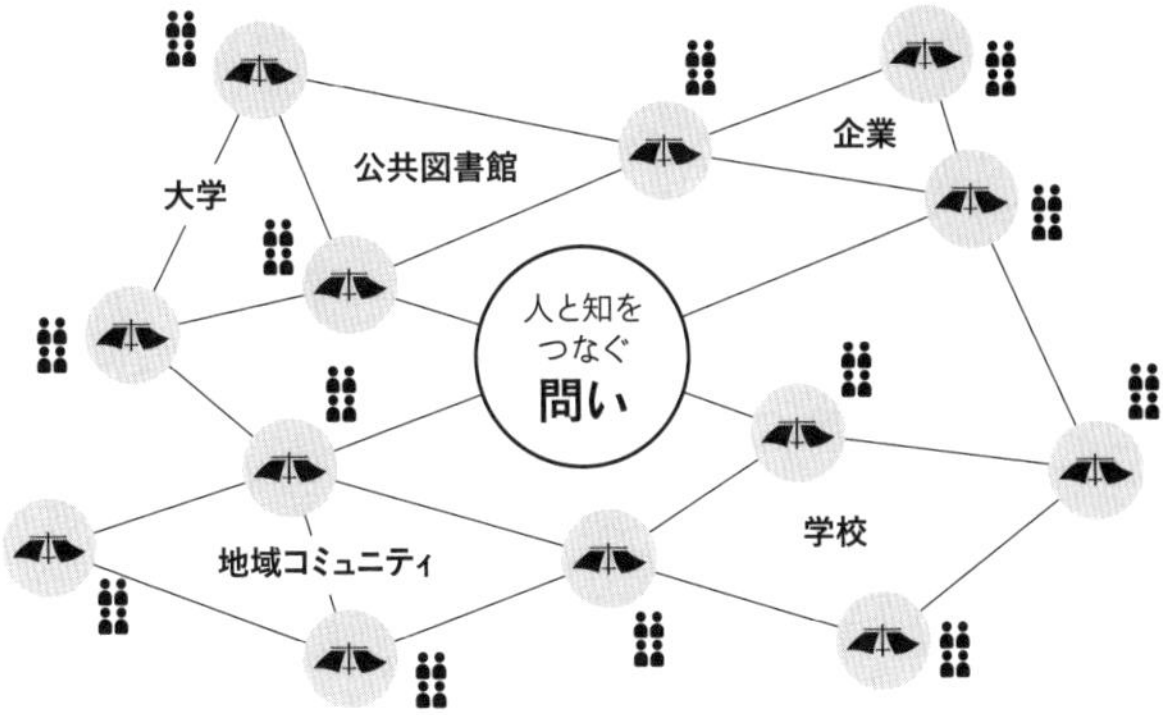

も越えた多様な想像力が混ざり合い連なり合う「場」として、そのネットワークを全国に広げているところだ。

誰かに潜在している問いが、誰かの問いによって目覚めてはまた次の問いを生んでいく。そうした「問い」の「連」を、「本」の「連」の形をとってつくり出していきたいと考えている。

第4章

Discovering

「問い」が結像する

無数の問いの芽吹きは、
やがて「問うべき問い」への
確信へと結像するだろう。
想像力の中で動き出した問いを、
外に向けて表明しよう。
そうして導かれたひとつの問いは、
次の未開の地への扉になる。

section index

アンラーンの探索

世界の再解釈

むずむずと顔を出し始めた問いの芽も、
放っておくと「そういうもの」という
固定観念を前にへこたれそうだ。
そういうときは、
一度常識をアンラーンするといい。
でも、どうやって？

「私」の源に会いに行く

未知との遭遇を幾重にも経る中で、いくつもの問いの芽が顔を出す。ただ、芽吹いたばかりの問いは、どことなく貧弱で、確信に欠け、心もとないことだろう。「こんなささいなこと、本当に問う価値のある問いなのか」「これを問うたところで何になるのか」、そんな疑念が頭をよぎるかもしれない。こんな確証のないものに向かうくらいなら、ひとつでも多くの既存の問いに答えなければ。居心地の悪い焦燥感がちらちらと顔を出し始める。まだ「問いの芽」と自分の内面がしっかりつながっていない状態だ。

その心もとなさは、いずれ分け入っていく探究の道の、まさに入り口にたどり着いたということでもある。自分の経験値のラインナップにない事柄に向かっていこうというときは、たいていの場合は半信半疑だ。ここで引き返してしまったら、私たちは相変わらず問うことを忘れたままになる。もう一歩踏ん張って、まだ見ぬ世界に進んでみよう。まっさらな目で「問いの芽」と向き合っていくなかで、「これを問うて何になる?」という「半信半疑」が「問わずにはいられない」という「確信」に変わる瞬間が訪れるはずだ。偶然が必然になる瞬間だ。

何かを「まっさらな目」で見るためには、そのことを一度「アンラーン」する必要がある。真新しい問いの芽を覆い隠す見慣れた草や落ち葉を、そっと手で払ってやるような作業でもある。「アンラーン」とは、ある事象に対してすでに身につけた知識や見方を脇において、新たな目で捉え直す試みだ。「学びほぐし」と言ったりもする。人間の知性は、何かを新たに身につけるよりも、身につけたことを忘れるほうが苦手だ。「アンラーンしよう」と思うだけでは、一度染みついた「そういうものだ」という常識や思い込みはなかなか退いてくれない。一度顔に見えた岩がもはやなんの変哲もない岩には見えなくなるように、ひとたび安定してしまった認識のパターンは、そう簡単に外れないのだ。

アンラーンの手すりになる方法をご紹介しておこう。キーワードは「アーキタイプ」だ。

アンラーンのコツ　その1：歴史の「はじまり」をたどる

何かを本質的に考えたいときは、一度は「起源をたどる」ことをおすすめする。もともとどこから来たものなのか、どういう経緯で今にいたっているのか。「はじまり」の風景を眺めてみよう。

私たちは必ずや何らかの枠組みを通して物事を理解している。そうした「枠組み（パターン）」は、日常の混乱を避ける上での便利な道具である一方で、古い認識に私たちを縛り付けるやっかいな足枷でもある。この枠組みを取り扱う切り口として、編集工学ではしばしば「略図的原型」（↓P.130）の「アーキタイプ（原型）」を重視する。

「略図的原型」は情報を俯瞰的な目で捉え直す際に役立つ型だが、特にこの「アーキタイプ」は意識しないと見えてこない。私たちの認識はたいてい「そういうものだ」という「ステレオタイプ（典型）」で埋め尽くされているし、何かを学ぶときでも「つまりは」という「プロトタイプ（類型）」を理解するにとどまることが多い。「そもそも」と起源や発生をたどっていく思考としての「アーキタイプ（原型）」を自覚することで、まっさらな目で対象を捉えることができるようになる。ただし、「アーキタイプ」をたどるには、多少の知識や見方をどこかから借りてきて、手持ちの情報にないものを参照する必要がでてくる。自分のイマジネーションの範囲に閉じずに、さまざまな知を参照しながら「アーキタイプ」を仮説にしていこう。

練習問題

13 「アーキタイプ」をたどる

気になる問いの芽吹き（考えたいテーマやトピック）について、略図的原型を書き出してみよう。一般的にはどう捉えられていて「プロトタイプ（類型）」、どんな象徴で理解されているか「ステレオタイプ（典型）」。世の中からはどう見えているのか、ということを一度客観的に押さえておく。その上で、「そもそも、それは何だった？」と「アーキタイプ（原型）」を探っていこう。その事柄の起源や変遷をみてみたり、あるいは語源を調べてもいいだろう。

たとえば「コンビニってまだ進化するのかな？」ということがふと気になったとする。

「コンビニはもっとどうあるといいか」を「問いの芽吹き（考えたいテーマやトピック）」とした場合、一度コンビニの略図的原型を考えてみるといい。「コンビニ」のプロトタイプは「日用品のフランチャイズストア」「長時間開いてる便利なスーパー」などといえるだろうし、ステレオタイプなら「セブン-イレブン」「ファミマ」などが挙げられる。では「コンビニ」のアーキタイプはなんだろう？ 「商店街」や「駄菓子屋」かもしれないし、もっと遡れば「万屋」あるいは「市」かもしれない。そう見てみると見慣れた「コンビニ」もちょっと違ったものに見えてくる。

ここでもまた「探究型読書」が役立つ。あくまで自分の仮説を組み立てるための読書なので、何を知りたいのか、どんな情報を探しているのか、問いを立てながらざっとスキャニングするように目を通せばいい。なるべく情報を立体的にしていくためにも、複数冊を手に取ることをおすすめする。1冊10分でも構わない。その中でこれはと思う本があれば、腰を据えて読み込んでみるといいだろう。そのテーマを解く鍵となりそうな「キーブック」を選んでじっくりと精読しておけば、その界隈における想像力のリンキング・ネットワークが拡張され、関連本に目を通す速度が俄然早くなる。

どんな事象も長い時間を経て意味の旅をしてきているわけだが、私たちはたいてい、今見えている姿や印象でしか物事を捉えていない。どこかで定義されたプロトタイプ（類型）や、現在に流通しているステレオタイプ（典型）を超えて、まっさらな目で物事を捉えるには、そうした認識の枠組みができ上がる前のアーキタイプ（原型）を訪ねるのが手っ取り早いのだ。

アンラーンのコツ　その2：「おさなごころ」をたどる

ある事象（コンビニならコンビニ）の社会的な起源をたどっていくだけでも、さまざまな発見があるし、うまくフィットすれば、その先に分け入っていきたくなるような好奇心もむくむくと立ち上がってくるだろう。

力強く問いを結像させる上で、大事なことがもう一つある。問いにまつわる「個人的な起源」にも目を向けることだ。「なんでこんなことが気になるのか」、「どうしてそこに違和感を覚えるのか」。自分の内面に耳を澄まし、好奇心の正体に目を凝らしてみよう。「私の好奇心」のアーキタイプ（原型）を訪ねるつもりで、おさない頃の記憶にまでさかのぼって、まだプロトタイプやステレオタイプで埋め尽くされる前の自分と対話してみてほしい。4000回質問していた頃の自分（→P.106）に出会い直すのだ。そこから今に向かって、問いの起源を探っていく。

ほかでもない自分自身の記憶や感覚のなかに、今抱えている問いにつながる原体験があるかもしれない。直接関係していなくても、「そうか、それでこのことが気になっているのか」と思い当たる節があれば、それも大切な糸口だ。おさなごころと五感を開放して問いにまつわる記憶をたどるなかで、色合いや質感を伴ってさまざまな連想が引き出されてくるかもしれない。そうであればきっとその問いは、「あなた」にとって大切な問いであるはずだ。もしも何も心が動かなければ、それは今「あなた」が問うべき問いではないのかもしれない。

練習問題

14 おさなごころの忘れもの

おさない頃の記憶をたどって、なぜその事柄に興味を惹かれたのかを探ってみよう。直接思い当たることがなくても大丈夫。いったん問い（テーマ・トピック）を頭の片隅においたまま、おさない頃に無性に好きだったもの、不思議でしかたなかったこと、やけに切なかった風景などを思い出してみてほしい。先ほど考えたその事柄のアーキタイプと、おさない頃に見ていた風景が、うまくするとふと結びつくことがある。直接結びつかずとも、忘れていたような好奇心がふと目覚めることもある。そうすればしめたもの。芽吹いたばかりの問いはぐんぐん背丈を伸ばしていくはずだ。

たとえば先ほどのコンビニも、それ自体は「おさなごころ」と何ら関係なさそうに思える。けれどそのことを念頭に記憶をたどっていくなかで、お店屋さんごっこに夢中になった自分を思い出すかもしれない。何がそんなに面白かったのか？　木の葉のお金と「店頭」の石ころを交換するだけで、いつまでも遊べた。あれはなんだったのか。「そもそもお店はどうやって生まれてきたのか？」「もともと人は違うもの同士の価値をどうやって測ったのか？」という問いが出てくれば、どこかでふと「コンビニがどうあるといいか」という問いにつながっていくかもしれない。「コンビニ」の側でもアーキタイプを探っていれば、「地域社会でのよろず屋の役割」や「市場の発生」といったような観点を交差点にして、もっともらしい理屈から子どものころのワクワクまで、いろいろとない交ぜになった好奇心が動き出すこともあるだろう。

以上はごく簡単なたとえばの話だが、こんなふうにして自覚的に物事と自分自身の起源を探っていくと、真新しい未知はいくらでも自分の中から採掘されるはずなのだ。

新幹線の中で固唾を呑んで見つめた松岡さんの読書風景（➡P.139）は、私の中から「問うべき問い」を引き出すトリガーだった。「そもそも読むって何をしてることなんだ？」と、目前の出来事の「そもそも」に気を引かれながら、一方では子どもの頃のとある感覚が妙な臨場感をともなってリプレイされていた。大好きだった凧揚げの、上がるほどに指に力強く食い込むあの感触を思い出しながら、ひろびろとしたイマジネーションの空間とどこまでも高く上がっていくその自由に、胸が高鳴っていた。どうしたらこれを自分も追体験できるだろう、どうしたらみんなにも分けてあげられるだろう。この「どうしたら」に向かうやむにやまれぬ好奇心が、「探究型読書」や「ほんのれん」、そしてこの本にいたるまで、一直線でつながってきたのだと思う。

どんな知識を集めてきても、それが自分の内面と接続していなければ、その先の探究心を動かす根源的な問いにはなりえない。客観的な知識を扱う「評論家」ではなく、内面の知性に突き動かされる「探究者」であるために、「〝物事〟と〝私〟の起源を訪ねる」というプロセスを、両輪で動かしていくことをおすすめする。

根源的な問いをひとたび携えると、目に映る世界が一変する。見るものすべては探究のヒントとなり、そこかしこに次に取り組むべき問いが隠れていることに気がつくだろう。この世界は、どこかの誰かがつくり終えた動かない風景なのではなく、今この瞬間も「あなた」に問われることを待っている、真新しい可能性の塊であることを実感するはずだ。

物語の力

探究に向かう一番星として、問いが燦然《さんぜん》と輝き始める瞬間がある。長い旅になるかもしれないし、あっさりと目的地にたどり着くかもしれない。あるいは、道の途中でもっと強烈な光を放つ問いを見つけ、目的はすっかり変わるかもしれない。いずれにしても、自分が進まんとする道筋を、あるひとかたまりの世界観として自分の中にしっかりと捉え直すときだ。その問いや思い浮かべる道筋をイメージとして抱え持ち、時には人に共有しながら他者を巻き込んでいく必要も出てくる。

ただ、こうした想像力が描き出す世界は、放っておくと日常の忙しなさの中で雲散霧消してしまうリスクを抱えている。まだ形のない「考え」や「世界像」をある情報の構造として組み上げ、時に他者と共有するために、人類は「物語」という情報様式を生み出した。言葉の記録だけでは取りこぼしてしまうであろう、人間の心の機微や現場を追体験するような臨場感やまだ見ぬ未知の世界像までを、物語という器は包み込んで運ぶことができる。

まだ文字もなかった時代から、人々は口伝で物語を語り合い、誰かが発見した世の理を、世代を継いで共有してきたのだ。リア王からハリー・ポッターまで、平家物語から呪術廻戦まで。洞窟に絵を描き、文字が生まれ、貨幣が流通し、技術が産業を発展させ、デジタルネットワークが世界を覆う現代まで、人々は数限りない物語を生み出しては、何らかの物語フィルターを通して世界を理解してきた。

1960年代、「月へ行く」という物語が宇宙開発を加速させた。「SFの父」とも呼ばれるフランスの作家ジュール・ヴェルヌ（1828-1905）が1865年に発表した『月世界旅行』の世界像は、そのおよそ100年後にアポロ8号として現実のものになった。ヴェルヌの小説を夢中で読んだ科学少年たちが、旧ソ連とアメリカという海を隔てたふたつの大国で、後にロケット開発者となり宇宙開発競争へとつながっていく。ヴェルヌは、「人間が想像できることは、人間が必ず実現できる」という言葉を残したことでも知られるが、とうていたどり着けそうにない目標であっても、ありありとした物語として人々の心に入り込むことでどこかで現実になっていく。この宇宙旅行をめぐる人類の躍進を象徴として、技術開発や事業開発の世界で大きな目標に向かっていくプロジェクトを「ムーンショット計画」などと呼ぶことがあるが、単に高い目標を設定すればいいわけではない。そのプロジェクトに関与する人々の間で、もしくは遠くの子どもたちにも届くような形で、臨場感を伴った物語が共有されてはじめてムーンショットが実現にむかって動き始めるのだ。

前述した『子どもは4000回質問する』のイアン・レズリーも、好奇心と物語の関係を強調していた。上等な物語は「情報の空白」を巧みに操って、読む者・観る者を翻弄する。ジョージ・オーウェルやヒッチコックの作品を例に出しながら、情報の空白がいかに受け手の中で問いに変換され、それが好奇心に転換していくかを紐解いていた。こうした「伏せて開ける」手法は、問いの編集力においてもすこぶる重要だ。自分自身の問いに向かっていく過程であっても、どこかに「情報の空白」をつくっておくこと、何かしらを自分に対して「伏せられたまま」にあえてしておくことは、湧き水のように小さな問いを持続させ、好奇心を駆り立てるささやかな環境になる。簡単に解決できないことは、そういう性質の情報として、席を空けたまま抱えておけばいいのだ。

たとえば先ほどのコンビニも、「初期のコンビニはどういう社会背景や事業戦略の中で生まれてきたのか」といった情報は、調べれば比較的簡単に整理することはできる。ただしそれを知ることによってコンビニを「わかったつもり」になってしまうくらいなら、その肝心な部分は伏せておいて、市場の発生の起源までをたどりながら自分自身の好奇心と想像力をたくましくしたほうがいい、ということもある。最後にはひととおりの情報を押さえるにしても、自分に対してあえて「情報の空白」を持っておいたほうがいいフェーズもあるのだ。なんにせよ、「わかったつもり」が「問い」の結像の一番の邪魔者になる。

物語の力は強力なだけに、人類にとっても自分自身にとっても諸刃の剣となる。それは時に文明を大きく前進させ、一方で争いや暴力への暴走列車にもなってきた。今も、世界中で不安定な物語が錯綜している。「この世界をどう生きていくか」という問題は、「どういう物語を選ぶのか」ということとほぼ同義なのだ。ただ私たちは、日頃あまりに無自覚に誰かがつくった物語を受け入れているかもしれない。略図的原型でも見てきたように、すでにある物語、既存のナラティブに囚われているのが現実だ。

そういう風景を客観視するためにも、時に自分を取り囲む世界を物語として分解してみるといい。物語という情報様式は、たいてい以下の5つの要素からなっている。物語を進行する「ナレーター」、話の筋書きである「ストーリー」、物語を特徴づける「シーン」、登場人物としての「キャラクター」、そして物語の世界像としての「ワールドモデル」。これら物語の五大要素が組み合わさって、世界のありとあらゆる物語はでき上がっている。

練習問題

15 物語として切り取る

自分が生きるこの世界を、物語として切り取って、物語の五大要素で分解してみよう。どんな切り口でも構わないが、少しでも気になっていることがいいだろう。新聞を賑わすような世相に目を向けてもいいし、職場の雰囲気のような誰も特に話題にしていないことでもいい。誰がその物語を進めていて（ナレーター）、どんな特徴の登場人物がいて（キャラクター）、どういう場面（シーン）が象徴となって、どんな筋書き（ストーリー）が運ばれているのか。そして、それはどんな世界像（ワールドモデル）のもとに繰り広げられているのか。

日頃ぼんやりと眺めている景色を、一度こうして「何者かによる物語」として見てみると、自分が置かれている状況を客観視できる。無自覚のうちに、何らかのキャラクターとして組み込まれているかもしれないし、自分が勝手に語り進めている物語だったのかもしれない。その物語をあまり気に入っていないのであれば、今いる視点から別の物語を描くつもりになってみるといい。自分に埋め込まれている物語（ドミナント・ストーリー）に対しての別の可能性、つまりはオルタナティブ・ストーリーとして気に入った物語にしてみる。

最初から世界全部を相手にしなくていい。雑草一本からはじまる世界像を、精妙な解像度で見入ってみるのだ。「注意のカーソル」を鋭敏にして、「驚き」を持って世界を見る。「よく見れば薺花咲く垣根かな」である。

高解像度でいったん分け入った世界は、手がつけられないほどに複雑で混沌としているかもしれない。その込み入った世界の中を再び自分の足で歩みだすために、機微も感情も含めて複雑な世界を複雑なままに抱えていられる物語の力を借りるのだ。北極星のように燦然と輝く問いを目印に、これからどんな道を進もうか、自分自身の心を動かすストーリーやシーンやワールドモデルを想定してみる。ところどころ、うまく描けないままに空白になるところもあるだろう。その空白こそが、新しい問いと好奇心を呼び込み、歩みを力強くしてくれる。

私たちは、常に誰かがつくった物語の途中参加者ではあるけれど、一方でどこからでも自分の物語を語り直せる作家でもある。ショシャナ・ズボフやビョンチョル・ハンが指摘するようなこの暴走する世界の中で、私たちは自分にとって価値ある物語を描き、周りにも自分自身に対しても新しい世界像として表していくことができる。

あらためてぐるりと戻るが、その先行きを先導するのは自分を突き動かす問いであり、道中の歩みをすすめるものもまた、自分の体感に基づいた生き生きとした「問い」の連鎖である。

他にありえたかもしれない世界

──内発する問い

ここまで来たら、あとは臆せず
問いが問いを生む状態に身を任せるときだ。
世界は既に今あるようにでき上がっている。
だったらどこから切り込めばいい？
いや、だからこそ
問いは生まれうるのだとしたら？

「なぜなに変換」のススメ

ここまで、いかがだっただろうか。問うとは、思うより壮大な営みにも見えてきたかもしれないし、言われてみれば身に覚えのある話ばかりだったかもしれない。

ここでいったん立ち止まって、日常を問いに変えるちょっとしたエクササイズをしてみよう。ルールは簡単、目に見える風景を片っ端から「なぜ？」「なに？」の問いに変えてみる。ここまで読み進めてきた「問い体質になるための編集プロセス」も頭の片隅で思い出しながら、固まった思考をほぐすように、ストレッチ感覚で取り組んでみていただきたい。

練習問題

16 なぜなに変換

練習問題08「メガネを借りる」で練習したように、いつも通っている道を頭の中で思い出してみてほしい。注意のカーソルを動かして、目についたものやふと気がついたものを言葉にしてみる。公園の遊具、ゴミ袋をつつくカラス、追い抜いていく自転車、新しく塗り替えられた横断歩道……。思い浮かぶものの中から何かに少し思いをめぐらせて、ほんのちょっとでも気になることがあれば、それを「なんで?」「それはなに?」などと思ってみる。いつもの風景を「なぜなに変換」してみよう。

どんな風景にも、たくさんの見方が潜んでいる。「問い」のスイッチをパチンと入れると、それまで見えていなかった情報が次々と浮き出てくる。「なぜ、そうなっているのか?」「それはそもそもなんなのか?」、ちょっと立ち止まって考える習慣を持ってみると、そこかしこの解像度が上がっていく。「なぜなに変換」と呼べる程度の、ささやかな問い習慣を携えよう。

最寄駅までの道を思い出してみたら、ふと「公園の遊具」が気になった。これを「なぜなに変換」してみると、たとえばこんな感じになるだろうか。今朝見たばかりの公園の風景を思い出すと、ある「変化」についてはたと気がつく。あるときから、ブランコとウンテイがなくなって、健康器具が設置されたことを思い出す。考えてみたら、多くの公園が同じような模様替えをしている。それを「なんで？」と考えてみよう。行政の方針？　でも、なんで一斉にこうなった？　危険視する市民が増えたから？　住民の年齢層が変わったから？　でもそれって遊具だけの話じゃないな……などと、もはや公園だけの問いには収まらなくなるかもしれない。近所の公園の風景には、現代社会を読み解く無数の問いが隠れている。通常であれば「考えてみるまでもない」と意識にすらのぼらない事柄が、いざ問いのフィルターをかけて見てみると、その奥に実に多くの関連する問いが連なっている。

科学者のニュートンは、落下するリンゴに「驚き」を見出し、万有引力にたどり着いた。リンゴが落ちるなんて、誰でも知っているのに、である。九鬼周造は現実の世界そのもの、それがそのようにあり得ることとそのことへの「驚き」を問題にした。これらの「驚き」は、日常の中に埋め込まれていて、「問う」というフィルターを通して注意のカーソルを当てた瞬間に、突起してくるようになっている。

いつもの思考の枠組みをゆるめ（Loosening）、異質なものを視野に入れるようになっていれば（Remixing）、芽を出したがっている問いの気配に気がつくはずだ（Emerging）。「なぜ（なんでそうなってるの？）」も「なに（それはどういうこと？）」も、どこまでさかのぼっても構わない。40000回質問するように、子どもは「なぜなに変換」の天才だ。見るものすべてを「なんで？」「どうして？」という問いに変える。いつの時代も子どもが問いの天才であることに変わりはなく、子ども時代を経ていない大人もいない。いつの間にか胸の奥の小部屋に押し込んでしまった「なぜなに」を迎えに行くように、「おさなごころ」を発動してみよう。

以上の感覚がつかめたら、日々の仕事の中でもちょくちょく「なぜなに変換」をしてみることをおすすめしたい。「この作業は何のため？」という至極シンプルな棚卸しから「その目標はなぜ設定されたのか」という真の目的を問い直すような目でもいい。あるいは「経理という職種はいつからあったのか？」というような、自分が従事する職種を根本から問う視点もあるだろう。

「そんなことをしている暇はない」のが通常運転だろうが、「そんなことをしないから暇がない」のかもしれない。「物事を深く考えたいのはやまやまだけど、それだけの時間がとれない」という声はしばしば耳にする。ただこれは、情報過多時代の「タイパ（タイムパフォーマンス）」感覚につきまとうトラップなのだ。「時間がないから深く考えられない」のではない。「深く考えないから時間が生まれない」と思ったほうがいい場合も多々ある。

ある現象の根本を問えば、2つや3つの問題にいっぺんに解決の緒が見つかる、ということもある。あるいは、やる必要のなかった作業、やらせずに済んだはずの仕事に気がつくかもしれないし、思わぬ方向に近道を見つけるチャンスにもめぐり合ったりする。「いつもどおり」をちょっと変えてみることで、自分の余白を大幅につくりだす契機になる。

先に登場したグレゴリー・ベイトソンは、こんなふうに言っている。

自分のよって立つところが誤っている可能性に意識が及ぶことのない人間は、ノウハウしか学ぶことができない。

『精神と自然』グレゴリー・ベイトソン（岩波書店）

ノウハウは多少のコストカットには寄与するが、大幅な時短をもたらすような飛躍や変化からは人を遠ざける。時間が惜しいときほど、自分のよって立つところを見直す習慣を持ったほうがいい。ほんの5分でいい、いつもの景色に疑義を挟んでみる。今見えている世界とは別の、「他にありえたかもしれない世界」に対して、常に好奇心の目を開いておくことが肝要だ。「なぜなに変換フィルター」を通して、目の前の状況を眺めてみよう。ふと突起が見えてきたら、それを「仮の問い」にしながら、一度深く考えてみるといい。

途中からの参加者として

どんな情報も、私自身も、この世のあらゆる事柄も、無数の関連する情報を引き連れながらなんらかの文脈の上にある。誰もがこの世界への途中からの参加者なのだ。「編集力」とはこの眼前に広がる無造作な関係性に臆せず入り込んでいく力であり、「問い」は今見えている風景に切り目を入れるナイフなのである。

松岡正剛は『知の編集工学』の最後で、こうした世界像を「私たちはすでに投げ出された存在」であると表現し、「自由編集状態」に向かうための世界の根幹に関わる見方として次の5つのパースペクティブを提示している。「問いの編集力」を前に進めるプロセスもいよいよ終盤にさしかかろうかというところで、この5つの見方を足場に一度見晴らし台に立っておきたい。ここまでの道のりも多少振り返りながら、「問いの編集力」からの観点を加えている。

私たちは、そして、それらは、すでに名前がついている（naming）。だから、どんな一意的な名辞にも新たな自由を加えてやるべきだ。それらは、それを待っている。

『知の編集工学増補版』松岡正剛（朝日新聞出版）

どんな事柄も、ある意味あいで誰かに定義されていて、その定義はすでにプロトタイプやステレオタイプとして世に流通している（↓P.130）。そうであるとしても、新たな意味づけを加えることも、新たな名前をつけ直すこともできる。「他にありえたかもしれない世界」（↓P.172）を具体的に現前させるために、「それを何と呼び直してみようか？」と思ってみるといい。

私たち（それら）は、記述された中にある（describing）。それならば私たち自身を複数の属性によって記述していくべきなのだ。

『知の編集工学 増補版』松岡正剛（朝日新聞出版）

どんなものも何らかの属性や役割を持っていて、「あれはこういうものです」「あなたはこういう人です」という解釈が先行している。そういうものだというふうに、すでに誰かに語られ、ラベルづけされている存在なのだ。「たくさんの私」を思い出してほしい（→P.26）。誰であれ何であれ、まだどうとでも語りうる。情報を違った「地」で見れば、自ずとそこに現れる「図」も変わる（→P.85）。「自分ならそれをどう語り直す？」と思ってみよう。

私たち（それら）は、すでに組織化されている（organizing）。たしかに私たちはすでに生物として組織化され、家族のいち員として、日本人として、すでに組織化された出発点をもっている。事物や現象も同じことである。ということは、私たち（それら）はどんな場合にも複数の「親」をもち、その情報を継承しているのである。

『知の編集工学 増補版』松岡正剛（朝日新聞出版）

組織とは、会社や学校などの所属先に限らない。自分自身を生かしている生命自体がすでに自己組織化のただ中にあり、国家や市場や家族といった組織化された文脈の上にある。

「私の問題」と思っていることも、突然自分から始まっているものなどほとんどなく、さまざまな情報を継承しながらなんらかの組織の一端を担っているのだ。自分のウチとソトをどう取るかという問題でもある（↓P.54）。そうであるなら、そのおかれた文脈を自分なりに解釈した上で、別様の文脈を想定することもできるはずだ。何を考える上でも、「それは（私は）どのように組織化されたものの中にいるのか？」と俯瞰してみること。

私たち（それら）は、とっくに何かと関係づけられている（relating）。そうだからこそ、もっと関係をふやし、その属性をつなぎあってしまうほうが、楽になる。私たち（それら）はつねに相互関係ネットワークの中にいるものなのだ。

『知の編集工学 増補版』松岡正剛（朝日新聞出版）

情報は何であれ、それ単体で成立することはできない。今朝のニュースも株価も宿題も恋心も夕食の献立も、さまざまな情報の相互関係ネットワークの網の目の中にある。ロラン・バルトの言うように、言葉ひとつも「無数にある文化の中心からやって来た引用の織物」なのである（↓P.136）。「そのこと」だけを切り離して見ることは本来できないのだけれど、往々にして私たちは「そのこと」だけを問題にして、思いがけず現れる背後の複雑さに右往左往する。いっそ関係の網目ごと相手にしたほうが、ものごとの見晴らしは良くなる。何であれ、「これは何と関係する?」と周辺を見る目を持つと良い。

私たち(それら)は、もともと制限をうけている(constraining)。しかし制限をうけているということは、そこにいつでもルールを創発させることができるということだ。もっというのなら、いつだって自己修正ルールを生成することができるということである。

『知の編集工学 増補版』松岡正剛(朝日新聞出版)

企業のコンプライアンスや学校の校則だけではない。どんな生物もみなあらゆる制限をうけながら生きている。この地球にいる以上、重力からは逃れられないし、酸素がなくては生きられない。それと同じく生きて活動する以上、さまざまな制限から解放されることはない。だからこそ、人は新しいルールやり方を創り出すことができる。「驚き」や「偶然」も、遮られた視界の間からふいに訪れる「察知」によって引き寄せられる(→P.93)。摩擦のない世界で新たな軌道は生じないように、制限のない世界では創造は生まれえない。「この制限・制約をどう編集の糧にしようか?」と虎視眈々と考える癖を持つといい。

「すでに投げ出された存在」としてこうした世界を生きる私たちは、だからこそいかようにも自由編集状態に入っていける。たったひとりで力まずとも、私たちを存在させている世界との相互作用の中で、きっと今この瞬間にも無数の問いの萌芽が自分の出番を待っている。その芽吹きの力を抑圧すれば、「誰かにあてがわれた問い」を生きざるをえない。どうせ途中からの参加者であるならば、その大きな流れをどう進むかは自分で選択していたい。「問いの編集力」は、先行する流れや制約をリソースにしながら、また同時にそこから自在に漕ぎ出すためのオールとなり、ここぞというときに方向転換するための杭になりうるものだ。

そうした問いの突起をしっかりとハンドリングするために、問いを形にする「仮説力」を備えておこう。最後は、仮説推論の力で一気に問いを結像させる方法を見ていきたい。

仮説で突破する

新たな文脈へ

問いの編集プロセスも、いよいよ出口だ。
ここからは、新たな世界像を構想する、
仮説力がものを言う。
自分だけの問いを、
「アブダクション」で組み立てよう。

「あてずっぽう」で突破する探究の論理学「アブダクション」

「正しい解」があるとは限らない道筋を、自分の足で進んでいかなければならないときは、持ちうるリソースと想像力で仮説を立てて突破する方向に、思考と情熱を傾ける以外にない。正解らしきものを「置きにいこう」とするほどに迷子になるのが、不確実な時代だ。問いの編集力の出口に向けて、探究の旅路を豊かにも確かにもする「アブダクション（仮説推論）」の力を携えておこう。

「推論」とは、ある事実をもとに未知の事柄を推し量ることだ。難しく感じるかもしれないが、人はみな「推論」をすることで、この複雑な世界をなんとか把握したり対処したりしながら生きている。空を見て折りたたみ傘を持つのも、元気のない友人になんと声をかけようかと考えるのも、れっきとした推論過程だ。

一般的には「演繹（deduction）」と「帰納（induction）」がよく知られる推論方法である。演繹は一般論や普遍的な事実から推論を重ねて結論を導くもの、帰納は個々の具体的な事例から一般化できる原理や法則を見出すものだ。前者は数学の定理や法律文書など命題が定まっているときに力を発揮し、後者はデータをもとにした市場活動や機械学習などの場面でよく活用されている。

ただ、人間の創造的な推論過程を思うと、これだけではどうも説明がつかない。アメリカの論理学者、チャールズ・サンダース・パース（1839-1914）は、「第3の推論」として「アブダクション（abduction）」という推論方法を提唱した。真の探究的思考には、この「アブダクション」が大きく関与することから、「探究の論理学」とも言われる。

パースは、「探究」を「疑念が刺激となって、信念に到達しようとする努力」であると定義している。多くの創造的発見では、「疑念」から始まり「探究」によって「信念」に到達すると、それを検証しようとする「行為」によってまた新たな「疑念」が生まれて次の「探究」に入り……というサイクルが繰り返されている。そこにアブダクションが介在する、とパースは言う。

シャーロック・ホームズや名探偵コナンは、このアブダクションによって鮮やかに事件を解決していく。誰もが見逃してしまうような風景にいくつもの「違和感」を見つけ、そこから生まれる「疑念」に説明がつくような「仮説」を密かに組み立てては、クライマックスになって「犯人はあなただ！」と意外な人物を指差す。まさか、と周囲がいぶかる中で、真犯人たる根拠を一気につなげてみせる……。

目の前の現象がいっぺんに腹落ちするような「説明仮説」を導いて、ひとっ飛びに推論を進めるのが、「アブダクション」だ。

推論のプロセスはすこぶる関係発見的である。見えているもの（既知）から見えないもの（未知）を導き出すのが推論だが、アブダクションではそれを逆にも進むのが特徴だ。つまり、見えないもの（未知）を先に仮説して、見えているもの（既知）が何たるかを再解釈してみせる。その過程では、先行する仮説をあとから追いかけてくる思考によって、その仮説がまた新たに解釈される。見えないもの（未知）までも含めて、さまざまな事象のあいだに新たな関係の発見がおこるのだ。それゆえに、アブダクションを含むパースの論理学は「関係の論理学」とも呼ばれる。

「仮説を発見する」ことを最終ゴールとするのではない。「仮説を発見することによって、新たな信念に到達する」のがアブダクションの威力である。つまり、何の保証もない「仮説」という甚だ不確かな足場を仮につくって、そこから一気に飛び上がり、さっきまで立っていた地平を見晴らす。その地形が「そうなっていたのか」と見えてきたところで、仮においた足場を固め、地に足をつける。アブダクションには、この「一気に飛び上がり地平を見晴らす」最初のジャンプが不可欠なので、論理的整合性に先立っていささかの「勇気」が必要になる。

パースの提唱するアブダクションのプロセスは、こんな構造になっている。

1. 「驚き」の発見：着眼点・疑問・問い［驚くべき事実］
2. 「仮説」の仮組み：1.の驚きを説明する仮説［説明仮説］
3. 新たな「確証」へ：仮説による捉え直し［確証に向けた検証］

ある「驚くべき事実」が観察されたとして（例：リンゴが木から落ちた）、何らかの「説明仮説」をもってすればその驚きは当然のこととなる（例：地面に引っ張る力が働いているという説明仮説を用いれば、リンゴが木から落ちることは説明可能になる）。そして、「確証に向けた検証」によって、その事象の背景にある普遍的な法則が見出される（例：物が地面に落ちることを説明できる万有引力の法則を構築し、それが地上以外の物理法則へも応用される）。

コナン君やニュートンに限らず、未知の問題を解決しようとする人はみな、多かれ少なかれアブダクションをしている。患者さんの症状を聞いて診断をくだすお医者さん、メンバーの様子を見ながらどうするとチームがまとまるかと思案するリーダー、学校に行きたくないという子どもになんとか寄り添おうとする親や先生など、目の前の現象を説明できる「仮説」（要因となりそうな筋書き）を手繰り寄せ、「そういうことかも」「これですべての説明がつく」と思える「信念」（つじつまの合う物語）に到達するまで試行錯誤する。それを「行為」（その物語の新たな展開）に移せばまた別の問題に出くわすこともあるだろうが、アブダクションを止めない限り、どこかしらに出口は見つかるはずだ。

自分の身の回りのことにとどまらず、世の中の深刻な「苦」や切実な「負」や大きな「欠」を解決しようとするときにも、理屈は同じである。もしくは、胸高鳴る「機」や「希」

に向かう道筋にもまた、アブダクションが力になる。途方もないようなチャレンジに思えることであれば、自分が手触りを感じられる程度まで物事を分節化し、実感値のあるアブダクションを細かく動かしてみることだ。

アブダクションで説明仮説を導いたら、その仮説を命題にして演繹的に予測を導き出し、その予測を経験と照らして帰納的に検証する。「探究と創造のプロセス」はこのように進む、とパースは言った。

説明仮説を導くときには、ないものを想定するという方法もある。科学の世界では、この「ないものフィルター」がいたるところで活躍している。たとえば、宇宙に存在する物質の80パーセントを占めるとされている「ダークマター（暗黒物質）」。目に見えないし触れることもできない、観測不能だから何からできているかも皆目見当がつかない未知の物質ながら、さまざまな観測データから質量があることだけはわかっている。それを単に「未知の物質」と放っておかずに、「ダークマター（暗黒物質）」と名前をつけて（↓名づけ：naming P.178）、宇宙の謎を解く仮説上の物質として活用しているのだ。観測できないものが科学的探究を牽引するとは不思議な感じもするが、この「見えない何かがある」つまりは「〝ない〟という状態が〝ある〟」とひっくり返すことで、想像上の仮説は科学のファクターとして記述しなおせるのだ（→記述：describing p.178）。

パースは、「アブダクションは見えないものも仮説できる」と言ったが、観測できる自然界のリソースと、人間の想像力だけがつくり出せる仮説を組み合わせることによって、演繹（deduction）だけでも帰納（induction）だけでも到達できない飛距離を、推論にもたらした。世紀の発見にも、日常のふとした瞬間にも、何かがはたとわかる、ピンとくる、といった「直観」のような働きがある。そうした「ひらめき」は「思いつき」ではなく、そこにはれっきとした推論のプロセスが動いている、とパースは見た。そのプロセスを取り出して推論方法として提示したものが、アブダクションなのである。

科学的発見も、商品開発も、マーケティングも、医療も、子育ても、「アブダクション」せずには物事を前に進められない。そのときに起こっているのは、目の前の現象を説明する「仮説」を直観的に探しながら「あてずっぽう」を繰り出していく「試行錯誤」である。正解を求められる日頃の活動からすると、どこかいい加減にも思えるかもしれないが、探究の道筋には誤りの可能性も含んだ「当て推量」が欠かせないのだ。失敗も間違いも織り込み済みでいることで、探究の試行錯誤に恐れず踏み込むことができる。

パースは、「よくよく考えてみなければならない重要な事柄」として、「人間のすべての知的発展が可能になったのは、われわれのあらゆる行動に誤りの可能性があるという事実のためである」と添えている。動きのないものは誤りを犯さない。誤りは思いがけない変動をもたらし、ランダムな変動こそが知性を成長させるのだ、と。

目の前の事象とそれを説明しようとする仮説のあいだで、半ば強引にでもつじつまを合わせようと試行錯誤する。どんな出来事もかならず複数の「親」を持ち、その情報を継承して今自分の目の前に届いている。ものごとすべて関係の網目による「組織」の中にあると思えば、唐突なものなどひとつもない（↓組織化：organizing P.179）。その確信の元にあれば、思ってもみない方向から呼び込まれた仮説にも重要な役割が与えられ、出発点では想定できなかった物語の展開を目にすることになる。そうなれば、好奇心も探究心も自動運転状態だ。どこまでも問いが連鎖する編集の冒険に入っていくことになる。

何事においても、その背後にある法則や要因を「仮説」としながら見る目を持つことができると、時間も空間も超えてさまざまな「つながり合い」に包まれていることに気がついていく（↓関係づけ：relating! P.180）。遠い出来事と思っていた事柄が、自分の足元と思いがけない接点でつながっている。それに気がついたとき、探究のエンジンはうなりをあげていく。

もともと私たちの視野には限界がある。すべてを見晴らすことのできない不自由な存在だからこそ、たまたま出くわした情報を使いながら、そこに新たな視野を獲得していくことができるのだ（↓制限：constraining p.181）。編集とは、偶然を必然に変える営みである。行き詰まったら、アブダクティブに考える。間違えてもハズレても、動きが次の偶然を呼び込み、信念に向かう努力の中でその偶然を必然に変えていけばいいのだ。「問い」は、自分と社会を前に進める動力である。その小さな問いから広がる風景を、ではどう世に問うていくか。

アブダクティブ・ライティング（Abductive Writing）

人の思考や発見は、思うほどに論理的に組み立てられてはいない。「あれ？」と思ったことをきっかけにその違和感の正体を探っていく中で、「そうか、自分はそんなことを感じていたのか」と、ようやく自分自身の本心に気がつくこともある。もしくは「そう考えれば、全部説明がつく！」と思えるような、爽快な発見に出会うこともある。これはまさに、アブダクションの道筋だ。この「不確かさを確かさに転じていくアブダクション」のプロセスは、何かを発見したり道理をわかっていく上での「発見の型」としても活用することができる。アブダクションのプロセスに沿って文章を組み立てることで、頭の中で考えているだけではたどり着けない風景に至ることがあるのだ。また同時に読み手にとっても、著者の推論の道筋を追体験することで、臨場感をもって発見に立ち会うこともできる。

「問いの編集力」の出口まで来たところで、このささやかな「驚き」をとっかかりに、まだ見えていない背景を仮説として、ある確かな世界像を描き出していく、「アブダクティブ・ライティング（Abductive Writing）」の型を提案してみたい。先ほどのアブダクションの3つの段階に、preとpostを加えて、ざっと以下のような5段階を通る。ここまでに発見したささやかな「驚き」や「問い」を念頭におきながら、自分ならどう書くだろうかとシミュレーションしつつ読み進めてみてほしい。

▼アブダクティブ・ライティング（Abductive Writing）の型

pre：推論の入り口（トピックやテーマ）

1．「驚き」の発見：着眼点・疑問・問い［驚くべき事実］

2. 「仮説」の仮組み：1.の驚きを説明する仮説［説明仮説］
3. 新たな「確証」へ：仮説による捉え直し［確証に向けた検証］
post：推論の拡張（連想、展開、次の問い）

それぞれのプロセスに分け入ってみると、こんな感じになるだろうか。

pre：推論の入り口（トピックやテーマ）

まず、何について述べるのかの話の入りを置いておく。導入をドラマティックにするなら、ここをすっとばしていきなり1.の「驚き」から入ってもいいけれど、構造をつかみやすくするのであれば、推論に分け入っていくための話のマクラがあるといい。

1. 「驚き」の発見：着眼点・疑問・問い［驚くべき事実］

入り口においたトピックやテーマを観察する中で、ふと気がついた意外な兆候やささやかな疑問など、なんらかの「驚き」にあたる着眼点を提示する。あくまで個人的な疑問で構わないし、むしろ自分しか気がついていないような微細な兆候であるほど、その先の推論がダイナミックになるだろう。

2.「仮説」の仮組み：1.の驚きを説明する仮説【説明仮説】

精一杯の想像力を働かせて、1.の「驚き」を説明しうる仮説を組み立てる。ああかもしれない、こうかもしれないと、複数の仮説をラインナップした上で、最も筋の良さそうな仮説を選び出していく。その過程をそのまま記してもいい。パースは、以下のようなポイントを念頭に置いて仮説を選び出すといいとアドバイスしている。なるほどと思える「もっともらしさ」、あとから確かめられる「検証可能性」、すとんと腹落ちできるような「取り扱い単純性」、最短距離で考え抜ける「思考の経済性」。要は、筋のいい仮説は余計な手間がかからないのだ。

3.新たな「確証」へ：仮説による捉え直し【確証に向けた検証】

筋のいい仮説を選びだしたら、改めてそこから1.の「驚き」を振り返ってみる。「そうか、どうりで！」と思えるだけの発見に近づけたら、それが確証に変わるまでさまざまな検証に取り組んでみよう。実験から導くような再現性を見るのもいいし、そういう類いの仮説でないのであれば、思考の力で多角的に検証してみる。多くの事例を集めてくるのもいいだろう。自分のイマジネーションだけでは間に合わないことが多いので、複数の書物を覗いてみるといい。こういう場面で取り組む読書は、自ずと「探究型読書」になっているはずだ。うまくいけば、おぼつかなかった最初の「驚き」や途中の仮説が、いつのまにか「そうであるに違いない」という「信念」に変容していく体験をするはずだ。

post：推論の拡張（連想、展開、次の問い）

自分はいったい何を発見したのか、あらためて振り返ってみよう。アナロジーを働かせて「そういうことなら、こういうことも言えるのでは？」と、次の推論に入っていってもいい。この連環が生まれると、息の長い探究活動になっていく。

この「アブダクティブ・ライティング」の構造は、論考に限らず小説やCM、4コマ漫画やコラムなど、受け手の好奇心を揺さぶろうとする作品にも多く見られる。事実を正確に伝えることを目的とするニュースやレポートなどは、前提となる状況の説明から著者の見方を含めた結論にいたるまでを起承転結で順当に組み立てるものが多いが、「仮説」によって読み手を新たな地平に導こうとするのであれば、アブダクションの道筋を再現するのはひとつの強力な方法になる。

新聞各紙の朝刊一面に連載されている短いコラムには、「アブダクティブ・ライティング」の型が浮き上がってくるような文章が多く見られる。読売新聞の「編集手帳」から、ひとつ例をお借りしてみよう。

山田洋次さんのシナリオ集を読んでいて気づいたことがある。登場人物の多くが「さよなら」ではなく、「さいなら」と言う。

『下町の太陽』の町子（倍賞千恵子）はのちに恋人となる良介に会い、ぎこちない会話を交わして別れる。

〈さいなら〉

『馬鹿が戦車でやってくる』では紀子（岩下志麻）が声をかける。

〈じゃ父さん、さいなら〉

「さよなら」と読み比べてみる。「さいなら」は夏目漱石の『吾輩は猫である』にもあり、そうめずらしい物言いではないが、「さよなら」とは語感が異なるようである。「さよなら」はほんの少し深刻な響きを引きずって重く、「さいなら」にはまたすぐに会える心の弾みを感じるのだが、どうだろう。

辞書的な意味は変わらないのに、日本語とは繊細なものである。きょう、山田さんに文化勲章が授与される。おいちゃんと派手なけんか別れをしても、寅次郎はやがて故郷の柴又に帰ってくる。『男はつらいよ』も「さいなら」の映画であったろう。震災で多くの〝さよなら〟を見てきたせいか。風が身にしみる晩秋ゆえか。〝さいなら〟のぬくもりが、やけに恋しい。

『読売新聞　朝刊一面コラム　竹内政明の「編集手帳」傑作選』竹内政明（中央公論新社）

山田洋次さんの文化勲章受章のニュースにかけて、「さいなら」という言葉にまつわる著者のささやかな発見と仮説が綴られたものだ。なぜ「さよなら」ではなく「さいなら」なのかというふとした疑問から始まり（1.「驚き」の発見）、「さよなら」は重いが「さいなら」には「またすぐ会える」と心弾む感じがあるという著者の見立てが披露される（2.「仮説」の仮組み）。『男はつらいよ』も「さいなら」だということを思えばこの仮説もあながちはずれてないだろう（3.新たな「確証」へ）。その気づきが、最後の「震災で多くの〝さよなら〟を見てきたせいか。風が身にしみる晩秋ゆえか。〝さいなら〟のぬくもりが、やけに恋しい。」という余韻（post:推論の拡張）へと続いて終わる。

読売新聞論説委員の竹内政明（1955-）さんによる名人芸なので、もちろん順番に思いつきながら書かれたわけではなく、よくよく練られた戦略の上に構成された500字弱ではあろうが、竹内さんの仮説推論プロセスへの追体験が心地よい。

実際にアブダクティブ・ライティングの道筋を通ってみると実感することと思うが、2（「仮説」の仮組み）から3（新たな「確証」へ）へと進んだところで、1（「驚き」の発見）に向かって思考が一気に逆戻りする。この戻りながら見えてくる景色の新しさにアブダクションの真骨頂があり、そういう特徴を捉えてパースは「レトロダクション（retroduction）」とも言っている。「レトロ（retro）」は「さかのぼって」という意味だ。小さなひっかかりとして耳に残った「さいなら」という言葉が、仮説を通って新たな確証へと進む中で、日本人の別れ際の機微を包み込んだような感傷を連れて一気に逆戻りしていく。演繹も帰納もふつう推論は一方向に進む思考過程であるが、アブダクションにはこのダイナミックな「往来」がある。

アブダクティブな仮説は、知っているはずの風景を再解釈して新しいものへと転換しうるところに特徴がある。小さな驚きに出会い、それを説明する仮説を組み立てる中で、それまで見落としていた真理に気がつき、ひいてはそれまで別々に見えていた事柄もつながって見えてくる。アブダクションは、自分の目で世界を再発見するための強力な方法なのだ。そういう意味で、このアブダクティブ・ライティングは作文のための手法にとどまらない。

書くことを通して、再び世界に出会い直すための構想の型と思っていただくといいだろう。

仮説を組み立てながら文章を書くという営みは、自分なりの世界像の創造にほかならない。何かを調べてきて首尾よくまとめる論証的なレポーティングであれば、日々進化する生成AIがこの先も相当の仕事をこなしていくだろう。だが、AIはどこまでいっても自ら「驚く」ことはできない。アブダクションはこの最初の驚きや察知がなければ始まらないわけだが、実はここが人間にとってもそう簡単ではないことは、本書でここまで考えてきた通りだ。問題解決や業務処理をするように訓練付けられた人間の思考は、この「驚く力」が抑制されている。しかし、子どもの問う力に見られるように、本来は人間が生得的に持っている力だ。そこを解放しようというのが、「問いの編集力」のここまでのプロセスであり、探究的本能を力強く駆動する準備でもあった。

パースは探究という営みを「疑念が刺激となって、信念に到達しようとする努力」と言ったが、このアブダクティブ・ライティングのアウトプット・プロセスは、探究のプロセスそのものであると言ってもいい。「内発する問い」に出会うプロセスで獲得した感覚を総動員して、レトロスペクティブに自分自身の問う力を発見しながら、何かひとかたまりの文章を書いてみよう。「問いの編集力」とは、実はこのアブダクションの最初の一歩を踏み出すための基礎体力にあたるものだったのだということが、その過程でありありと見えてくるだろう。

第5章

「内発する問い」が世界を動かす

ここまで考えてきた「問う」という行為は、
人間にとって至極自然な営みでありながら、
また同時に思考の惰性に逆らうものでもある。
なぜ、問うことは難しいのか。
しかしながら問いは、なぜ1冊の書物にして
考えるに足るほどに奥深いものなのか。
最後に、21世紀を生きる私たちにとっての
「問う」ことの意味を、あらためて考えてみたい。

section index

「問う」とはつまり何をしていることなのか

なぜ人は「問うべき問い」に出会えるのか？
「問いのパラドックス」の背後には、
意識の奥で暗躍する
「暗黙知」が隠れている。

まだ出現していない可能性へのアクセス

ここまで考えてきた「内発する問い」のプロセスは、自分と世界のあいだに現れんとしている未然の可能性に出会おうとするものだった。昨今の時代の変化の中では、もはや見えるものだけを相手にしていては立ち行かないことは、多くの人が感じている。不確実な社会への向き合い方も、いたるところで議論されるようになってきた。これまで培ってきた見えるものを扱う方法論をアップデートして、社会全体が予測しがたい未知なる環境への構えを新たにしようとしている。

ここで盲点になりがちなのが、自らの内面にある未知をどうするかということだ。ここまでさまざまな角度から考えてきたように、内なる未知にこそたくさんの可能性が秘められていて、また同時に最も遠く手の届きにくいところにある。「内発する問い」のメカニズムを考える作業は、この内なる未知にアクセスし、未来の資源として活用する方法を探ることでもあった。

自分の好奇心や思考が生まれる出る現場を捉えて、その人の内部からしか発現されてこない可能性に自覚的になること。外側から新しい技術や知識を身につけるのとは違ったやり方で、潜在しているけれど活用できていない力を内側から呼び覚ますプロセスである。

第1章から第4章までは、人が本来携える「問う力」の回復をめぐる旅路であった。Loosening、Remixing、Emerging、Discoveringと進んできた問いの発生のプロセスを、ここでざっと振り返ってみよう。

第1章「問い」の土壌をほぐす：Loosening

第1章では、カチカチに固まってしまった認識や思考の枠組みを柔らかくほぐすところから始めた。私たちのものの見方や感じ方は、多かれ少なかれ長年の学習や経験の中で、住み慣れた世界に順応するための一定の枠にはまっている。「〝私〟から自由になる」というのは、実は思うほどに簡単ではない。けれどここを放っておいたままでは、問いが次々と芽吹く豊かな土壌は育たない。まずは「たくさんの私」が存在することに向き合い、確固たる主語としての「私」ではなく、どうとでもなりうる述語としての「私」に注目した。固くなった土が空気を含むように、「私」のおぼつかなさにふと心がゆるんだら、出立の準備完了だ。［↓「私」から自由になる（内面の準備）］

内面が少しほぐれたところで、今度は「私」が「世界」と接しているその接面（インターフェイス）を柔らかくする必要がある。ベイトソンの授業を通して、つながり合う世界の一部としての自分を眺めてみた。私たちは思うよりずっと環境からの影響を受けている。アフォーダンスやマイクロスリップといった認知の微細なセンサーに分け入ることで、人間の主体性というものはずいぶんと怪しいものだということを感じてもらえたかもしれない。

［↓インターフェイスを柔らかく（接面の準備）］

世界に接する接面が柔らかくなったら、環境と自己の間にある「境界」はずっと編集しやすくなる。ウチとソトを融和させる「縁側」が、私たちの認識や思考においてはとても大切だ。バッファ領域を持たずにいると、出来事に対して反射的になるか拒絶するかの二者択一になる。痛みを痛みとして、複雑さを複雑さとして受け止めて保留する間（あわい）の領域で、問いは育まれていくのだ。「ネガティブ・ケイパビリティ」が、人間の問う力を支える。[↓縁側が必要だ（境界の準備）]

「考える土壌をほぐす」ことが、「問いの編集力」への入口であった。

第2章「問い」のタネを集める：Remixing

第2章は、ものの見方のバリエーションを一気に増やして、物事の関係性を発見していくフェーズだ。

無意識のうちに私たちの認識を先導している「注意のカーソル（アテンション）」を自覚し、目前に見えているもの（デノテーション）とその奥でうごめく意味（コノテーション）を同時につかまえる感覚を確認した。「フィルター」を掛け変えながら世界を見ると、さまざまな立場越しの風景が見えてくる。[↓見方が変われば、世界が変わる（意味の発見）]。

その豊かな意味に自覚的に出会っていくために、情報の多面性を発見して取り扱う技法を紹介した。「地と図」のマジックで、見慣れた情報もたくさんの顔つきがあることに気がついてもらえたことと思う。情報には必ず「地（分母・文脈）」となるものがあり、その上に「図（分子・意味）」のバリエーションをもっている。「地」を動かしていくことで、「図」

としての情報が自在に引き出せるようになるのだ。物事の多面性を扱うことに強くなれば、一見異なる情報同士の関係性も自ずと発見しやすくなる。[↓情報は多面的（視点の切り替え）]関係の発見に対して自信がつくと、「異質」や「たまたま」の混入を恐れずにすむ。想定外のものが舞い込んできても、手持ちの情報と自由に関係づけながら取り扱うことができるからだ。編集は往々にして異質性によって加速する。「やってくる偶然」と「迎えにいく偶然」が出会うところの「セレンディピティ」は、問いの芽生えを誘発するものでもあるし、問いの帰結を加速させるドライブにもなりうる。編集の成果は「偶然を必然に転化する」ところに現れる。

偶然や異質性を歓迎する体質であるためにも、「驚き」に対して敏感であることが大事だ。その「驚き」はびっくりするような衝撃とは限らず、「あたり前」のことが「あたり前」にそこにあることに驚く、いわば自分だけに飛来したようなささやかな驚きだ。「あたり前」の世界の奥に控える「他にもありえた世界」に、常に思いを馳せる習慣が必要なのだ。科学も哲学も文学も、何かしらの新しい意味をつくり出す営みは、この種のささやかな驚きをバネにしている。[↓偶然を必然に（異質の取り込み）]

「問い」の土壌をほぐして（第1章「問い」の土壌をほぐす：Loosening）、「問い」のタネを集めてくる体質ができたら（第2章「問い」のタネを集める：Remixing）、次はいよいよ「問い」

を芽吹かせる段階になる。

第3章「問い」を発芽させる：Emerging

問いの芽吹きに立ち合うにあたって、まず私たちが置かれている現代社会の状況を俯瞰してみた。「問うのが難しい」のは、必ずしも自分の技量の問題だけではない。「問うことを難しくしている」社会に暮らしていると見ることもできる。ショシャナ・ズボフの『監視資本主義』やビョンチョル・ハンの『情報支配社会』の見方を借りながら、人々が主体的に振る舞おうとするほどに、より自分を縛っていく、現代社会における構造的な情報のパラドックスを考えた。

さて、ではどうするか。抗うことはできないのだろうか。時代や社会がどうであれ、子どもは常に好奇心の塊で「問い」の天才だ。誰もがかつては「子ども」だったことを思えば、「問い」の資質は私たちの中に眠っているはずなのだ。好奇心を自由にしてやろう。常に「既知」より「未知」を多く抱えるようにできれば、好奇心の火が消えることはない。

［↓見えない壁に穴をあける（未知との遭遇）］

ここでは、そのための強力な助っ人として、書物に注目した。本は「未知」を扱う上ですこぶる有能な情報デバイスとなる。ただし、唯々諾々と著者の言葉を飲み込むだけでは力のある「未知」は発動しにくい。著者と読者のイマジネーションが混ざり合う場、試行錯誤できる想像力の縁側を確保することが、本を扱う上では重要になる。その実践的な方法として、「探究型読書」のメソッドを紹介した。「読む力」を鍛えることで、「問う力」は強くなっていく。逆もまたしかりだ。[↓無数の世界に誘われる（触発装置としての書物）]

そして本は、思考をつないでいく場にもなる。言葉もまた、周辺の情報との関係の網目の中に存在するものであって、一片の文章も、一冊の本も、それ単体で存在しうるものではない。ジュリア・クリステヴァの「間テクスト性／インターテクスチュアリティ」という見方を借りて、思考のリンキング・ネットワークを構築する媒介としての書物を考えた。「問い」もまた、ひとつの問い単独で生まれるものではなく、ネットワークする情報群の中で連鎖していくものなのだ。

江戸時代の「連」は、西洋的な個人主義では捉えきれない日本独特の「場のダイナミズム」を伴いながら、問いと遊びと才能の連鎖を引き出す場所であった。そうした創発装置を現代社会の中でいかに興していくか。おそらく「連」のような小さな単位の場が必要なのだ。[↓リンキングネットワークの拡張へ（関係の発見）]

第4章「問い」が結像する：Discovering

そうしてまさに生まれ出ようかという問いたちを、ではどう形にして表していくか。第4章「「問い」として迎え入れながら形を与えていく出口フェーズだ。

湧き上がってきた問いに確かな手触りを得るために、そこにまつわる事柄の起源をたどることで、染みついた固定観念を「アンラーン」することをおすすめした。物事の始まりを遡る一方で、自分自身の好奇心の源も訪ねてみる。外側と内側の両面のおもとをたどることで、思いつきのようにも思えた問いへの心もとなさは、「問うべき問い」への確信に変わっていく。

いまだ形を持たない大切な問いの萌芽は、「物語」という器に入れてみるといい。人と共有したり、自らの問いのレパートリーとして抱え持つこともできるだろう。［↓アンラーンの探索（世界の再解釈）］

ここまで来れば、次々と問いを生み育てる自信も感触も手元に引き寄せられていることだろう。出口に向かう前の小休止も兼ねて、問いを量産するちょっとしたTipsとしての「なぜなに変換」をおすすめした。日常の自分を一気に問い体質にしてしまう習慣づくりの提案だ。この世界の「途中からの参加者」である私たちは、与えられた文脈を問い直すことでしか、本来的に世界に関与していくことはできない。カジュアルな問いの習慣を持つことで、どこからでも世界に分け入っていける。［↓他にありえたかもしれない世界（内発する問い）」

「内発する問い」の道筋もいよいよ大詰め、問いに姿を与えていく仕上げの段階だ。その創造の手段として、「アブダクション（仮説推論）」の方法をベースにした創文術を紹介した。「驚き」の発見に始まり、仮説を組み立て、新しい確証へと抜けて出る道筋を「型」として、ひとかたまりの文章を仕上げる方法である。上手に文章を書くことを目的とした作文術ではない。書くことによって隠れた真理を結像させていく「発見の型」「構想の型」としての「アブダクティブ・ライティング」である。［↓仮説で突破する（新たな文脈へ）」

一気に駆け抜けた「内発する問い」をめぐるプロセスだったが、それは一貫して、自分自身の内側の環境を整え、潜在する問う力を解放していくための作業だった。「問いの設計」「お題の作り方」といった類いの技法的な話は、このずっと外側にある。自分の内面、また自分と世界が関わるところに、何より豊かな問いの宝庫があることが感じられただろうか。

ここまでの道筋を振り返ったところで、「問う」という人間の営みの不思議に、もう一歩踏み込んでおきたい。

「問いのパラドックス」を超えて

「問う」とは、この世界の陰に隠れている何かを発見し考察することだ。「問わずに済ませられることをあえて問う」ことは、習い性《せい》になったものの見方や考え方を更新していく術でもある。ただしここには、真理を求めて問うという行為にまつわる根本的な自己矛盾がつきまとう。

> 人間には、知っていることも知らないことも、探究することはできない。知っていることであれば、人は探究しないだろう。その人はそのことを、もう知っているので、このような人には探究など必要ないから。また、知らないことも人は探究できない。何をこれから探究するかさえ、その人は知らないからである
>
> 『メノン徳（アレテー）について』プラトン（光文社）

プラトンが提示した「探究のパラドックス」だ。プラトンの著作『メノン』の中で、ソ

クラテスは青年メノンと「徳とは何か」について対話をしている。「徳」についてのソクラテスの考えを引き出そうとしたメノンは、逆にソクラテスからの巧みな問いによって「徳」への認識の足場を崩され、すっかり混乱してしまう。「ともかくも徳について教えてほしい」と頼みこむメノンに対してソクラテスは、「私は徳が何かを知らない。だから君と共に探究しようと思う」と呼びかける。そこでメノンは「なぜ知らないものを探究できるのか。仮に探し当てたとして、自分が探していた当のものであるとなぜわかるというのか」という疑問を投げかける。そのメノンの疑問を引き取って「君が言いたいのはこういうことだね」と語り直したのが、先ほどのソクラテスの言葉だ。

これは、人間の探究に根源的につきまとう難題である。何を探しているのかわかっているならそこに新たな命題は存在しないはずだし、何を探しているかがわかっていないなら命題を発見すること自体期待できないはずだ、というものだ。なぜ人は「問うべき問い」を発見できるのかという「問いのパラドックス」であるともいえる。

ソクラテスは、このパラドックスへの解を「魂」の存在に託した。「魂がすべてを記憶していて、それを想起することで人は問題を発見する」というものだ。これが、よく知られるプラトンの学習想起説である。「問題も答えも既にその人の中に内在している。それを引き出す行為が学習であり、教育ではなく想起によってなされる」という考え方である。２５００年も前にかくも闊達な学習論があったことを思うと驚くばかりだが、この想起にいたる道筋を「不死の魂」のようなものの所在に戻さずに突き止めるとしたら、どう考えればいいのだろうか。

ハンガリー出身の科学哲学者マイケル・ポランニー（１８９１-１９７６）は、プラトンのこの「問いのパラドックス」を、「暗黙知（tacit knowing）」によって突破しようとした。

> このパラドックスに対してプラトンが出した答えは、すべての発見は過去の経験の想起である、というものだ。これまでこの答えが受け入れられた試しは、ほとんどないだろう。しかしこのパラドックスを回避するために、他の答えが用意されたことなど、一度もないのだ。（中略）もしすべての認識が明示的なものだとすれば、すなわち明確に記述することが可能なものだとすれば、私たちは問題を認識することも、その答えを探し求めることもできない。（中略）『メノン』のパラドックスを解決する暗黙知は、いつかは発見されるだろうが今のところは隠れている何かを暗に感知することにある。
>
> 『暗黙知の次元』マイケル・ポランニー（筑摩書房）

明示化しようとするほどに、問題の発見は遠のいていく。マイケル・ポランニーは、言語化しがたい領域にある知性のあり方を探究した科学者だ。一貫して、「発見とは何か」「創造性とは何か」を探究した。「暗黙知」とは、「いまだ発見されざるものを暗に予知する能力」のことである。経営学などで言われるような、職人の中に秘められた言語化できない勘所のようなもののことではない。「背中を見て盗む以外にない技術」なのでもない。ポランニーはそうした静止した属人的な知を暗黙知と呼んだのではなく、活動の最中に創発されてくる動的な知の扱い方を問題にしたかった。科学的な発見や創造的なひらめきの背景には、必ずやこの暗黙知が出入りしていると見たのだ。

松岡正剛は『千夜千冊』で、ポランニーの『暗黙知の次元』をこんな導入文で紹介している。

われわれはあまりにも安直に「発見」(discover/finding) ということを取沙汰してきたようだ。天才やひらめきや努力が発見をもたらしたとみなしすぎてきた。発見的手法のことを「ヒューリスティクス」(heuristics) というが、このことについても漠然とアプローチしすぎた。

コロンブスは地球が丸いことを知っていて、アメリカ大陸の一端に辿りついたのではなかった。メンデルは遺伝法則の知識を獲得するためにエンドウマメを掛け合わせたのではなかった。アインシュタインは特殊相対性理論のあとに重力理論たる一般相対性理論の可能性がやってくるとは考えていなかった。

にもかかわらず、コロンブスもメンデルもアインシュタインも、自分が果たしたことをあとから振り返ってつなげることができた。なぜ、そうなったのか。ここが重要だ。これらの認知的な出来事には「不意の確証」(surprising confirmations) というものがはたらいたのである。

松岡正剛の千夜千冊1042夜『暗黙知の次元』マイケル・ポランニー

私たちに備わる「いまだ発見されざるものを暗に予知する能力」には、この「不意の確証」(surprising confirmations) が関係している。九鬼周造の言う「驚き」(↓P.94) と共に現れる確証であると言ってもいい。ポランニーは、暗黙知の探究を始めるにあたっての大前提として、「私たちは言葉にできるより多くのことを知ることができる」と言っているが、この「言葉にできるより多くのこと」の中に、問いのパラドックスを破っていく抜け穴があるのだ。

ポランニーの言葉を借りれば「無意識のレベルにおいてすでに知っていることを、意識のレベルにおいて発見すること」が、知的探究の正体である。「着想を得る」といったはっきりとした気づきから、「虫の知らせ」のような途方もなく曖昧なものにいたるまで、この意識への浮上のメカニズムによって人は「問いのパラドックス」を突破している。

こうした発見の予感は単なる妄想に終わることも多いのだけれど、だからといってその妥当性を判断するために客観的なエビデンスを探し求めても無駄だ、とポランニーは言う。ここに、問いが個人的であること、内面化されることの重要性がある。どんな問題提起もそれが「内発する問い」になっていなければ、問いのパラドックスを破る発見は生まれてこない。ただ、このプロセスを人に理解できるように表明しようとすると、どうしてもそこに「明示性」を持ち込まざるを得なくなる。その過程で失われていく証明しがたい情報にほど、本来共有すべきことが含まれているのだ。「あけすけな明晰性は、複雑な事物の認識を台無しにしかねない」というポランニーの指摘は、エビデンスありきの科学界・経済界に対する痛烈な批判でもあった。

暗黙知と創発知

明示性の罠は、ごく日常の自分の認識を振り返ってみても感じることができる。たとえば、人の顔を認識する際に、私たちはその人「らしい」様子を捉えている。目、鼻、口、輪郭などの部分を明示的に定義しているのではなく、顔の部分から顔全体に向かって注意を払っていく。「この人は○○さん」と間違いなく認識できても、部分の特徴を明確に述べることは相当に難しい。これは技能の場合も同じで、諸部分の動きに注意を払うと、全体の統合が揺らぐことがある。

ピアニストがあまりに指先に注意を集中させると、演奏動作が麻痺することがある。あるいはアスリートが各部位の動きに気を取られると、パフォーマンスが落ちてスランプに転がり落ちることがある。

「ムカデのダンス」という寓話が、このことをよく表している。ある森にダンスの上手なムカデがいた。羨ましく思ったカエルが「ムカデさん、なぜそんなに上手に踊れるの？ 何番目の足から動かすの？」と聞くと、思い出そうとしたムカデは混乱してしまい、その後すっかりダンスを踊れなくなってしまった、という話だ。

人間は、明示的に受けているわけではない情報、「らしさ」や「雰囲気」や「気配」といった類いの情報を、暗黙のうちに「了解」することができる。そこに問うべき何かがあるという直観と、その探究の先に現れる「不意の確証」は、明示的に認識されない領域から湧いてくる。

自転車の乗り方の理論を徹底的に学習したところで自転車に乗れるようにはならないように、明示的な知識を理解することと、暗黙的な技能を獲得することは回路が違うのだ。後者の技能は、客観的な知識よりも個人的な感覚や習得が支えている。私たちの能力の多くは本来、客観的には扱えない個人的な知の集積であるはずなのだ。

個人的な知識要素をすべて駆除しようという近代科学の理想は、結局のところ、すべての知識の破壊を目指すことになるだろう。（中略）暗黙的認識をことごとく排除して、すべての知識を形式知化しようとしても、そんな試みは自滅するしかない。

『暗黙知の次元』マイケル・ポランニー（筑摩書房）

問題を考えるということは隠れた何かを考察することにほかならない。その隠れた何かに気がつく力は、「暗黙知」と呼ぶ以外にない知性なのだ。そしてそういう類の知が発動するためには、発見されるべき何かが必ず存在するという信念に心底打ち込む没入が欠かせないと、ポランニーは言う。

数学者・岡潔（1901−1978）の文章に「発見の喜び」（『春宵十話』）という小さなエッセイがある。暗黙知のなんたるかが感じられるエッセイなので、少し紹介してみたい。ある未解決の問題に向かっていたときのこと、数カ月かけて一心不乱に取り組むもいっこうに解が見えてこない。半ばあきらめてぼうっとするような時間を経て、ある時に忽然と解法が像を結んだ。

全くわからないという状態が続いたこと、そのあとに眠ってばかりいるような一種の放心状態があったこと、これが発見にとって大切なことだったに違いない。種子を土にまけば、生えるまでに時間が必要であるように、また結晶作用にも一定の条件で放置することが必要であるように、成熟の準備ができてからかなりの間をおかなければ立派に成

熟することはできないのだと思う。だからもうやり方がなくなったからといってやめてはいけないので、意識の下層にかくれたものが徐々に成熟して表層にあらわれるのを待たなければならない。そして表層に出てきた時はもう自然に問題は解決している。

『春宵十話』岡潔（光文社）

こうした数学上の発見には、必ず「鋭い喜び」が伴うという。このエピソードに続けて、岡はアルキメデスの有名な「ユーレカ！」のシーンについて触れている。アルキメデスが「わかった（ユーレカ）！」と叫んで裸で風呂を飛び出し走って帰ったのは、発見したことが本当かどうかを調べるためなどではない。そこには疑いが入り込む余地すらなく、ただただアルキメデスは、発見の喜びに走り出したかったのだろう、と書いている。それほどに、発見の喜びというものは人の衝動を突き動かすのだ、と。

こうした発見の鋭い喜びにいたる一連の意識活動を引っ張るのは、ポランニーの言う「発見されるべき何かが必ず存在するという信念」なのだ。「すでに知っている」ことではない、かといって「まったく知らない」ことでもない。未知と既知の間にまたがる「問いのパラドックス」を抜けて出ていく道筋にこそ、真に発見されるべきことは浮上してくる。

岡潔は、空気と接触する部分だけがよく燃える蠟燭の炎を例にして「知的独創は常に未知との境において起こる」と言った。未知と既知の間を動き続けるところに、創造の力は燃える。「問う」という行為は、暗闇に松明を掲げて前進するようなものだ。歩みを進めさせるのは、その先に必ず発見されるべきものがあるという信念なのだ。そこを目指して暗黙知を動かすのは、自分の内側でうごめき続ける無数の好奇心と小さな問いの連鎖である。

世界像が変容する

――ベイトソンの「学習III」へ

問うことは、変化・変容を起こすこと。
精神の変容は、学びにおいて現れる。
世界が一変する瞬間には、
必ずや問いが介在する。

まだ見ぬ世界への扉を開く

「問いの編集力」を考えることはまた、「精神の変容」をめぐる旅路でもある。人はいかにして、より自由な視界を手に入れていくのか。その変容のプロセスは、「学習」のプロセスと言い換えることもできる。

「学習」「学び」というと、知識を習得するものというイメージが先行するかもしれないが、それは学びのごく一端にすぎない。同じ失敗を繰り返す人に「いい加減学習したら」という言い方をすることがあるように、私たちは学習を積み重ねることで環境に適応している。「学習」というのは、そうした非常にプリミティブな認識の変化でもあり、ときにたいへんに高度な精神の変容でもある。

同じ環境の中にあって、学習が飛躍的に進む人と、いつまでも同じ場所にとどまる人の違いはなんだろう。個人に限らず、組織的な学習力を備える場合もある。環境に適応しながら変化できる組織と、既存のやり方にとどまる組織の違いは何か。

市場や社会や地球にいたるまで、環境それ自体が容赦なく変化していくなかで、たちどまることはつまり停滞、場合によっては衰退となる。環境に応じて自分の認識を変え、ひいては環境そのものを変えていく。個人的・組織的学習力をいかに携えておくかは、生き残りを掛けた切実な課題でもあるはずだ。

その学習を次の段階に進める結節点にあるものは、答えではなく問いなのだ。

学びの相転移：ベイトソンの学習階型論

「学習」とひとくちに言っても、さまざまなレベルの学習がある。「段階」や「階層」といってもいいし、ステージと呼んでもいい。難解な問題を解けるようになる努力も学習なら、子どもが言葉を覚えたり、集団の中での振るまい方を学んでいくのも学習だ。犬がお手をするのも、鳥が庭の餌場にやってくるのも、ひとつの学習の成果である。

学校での「学習」を思い出してみると、まずチャイムが鳴ったら席につくことを覚え、文字や算数を習い、地図の見方や植物の名前を覚えていく。やがて、勉強の仕方自体にも個性が出てきて、要領よく宿題をこなす子からひとつの問題の解法にこだわる子、楽しそうに取り組む子からいつも上の空の子まで、学び方に個性が出てくる。先生からもらうお題ではあきたらず、自作の問題を頭の中で考え始める子も出てくる。学習もここまでくれば、「鋭い発見の喜び」に出会う頻度も多くなることだろう。

教室にカニを持ち込んで学生たちに「つながり合うパターン」を考えさせたグレゴリー・ベイトソン（→P.42）は、この学習という行為を二階建ての構造で捉え、「学び」の過程で何が起こっているかを紐解こうとした。仮に算数ドリルを解くプロセスを考えてみると、こういう具合になる。

1階は算数の問題の中身の学習。問題を理解し、これまでの経験や身につけた知識によって問題を解く。通常は、学習といえばここにフォーカスされる。これをベイトソンは「原学習」（proto-learning）と呼んでいる。

2階は、ドリルの問題が持っているコンテキストの学習。この場合はこう解くのが早い、こういう問題はこの手のアプローチが効く、という類いの「やり方」の学習にあたる。「学ぶことを学ぶ」(learning to learn)、つまりは学習の仕方自体を学習することを指す。これは「第二次学習」(deutero-learning) と呼ばれる。

どんな学習の進展も、この1階・2階両方の習得が合わさってもたらされる。算数などの勉強にかかわらず、私達はこうしてコンテクストそのものを学習することで、日頃の認識や判断を経済化している。すべてのコンテクストを一から考えなければならないと大変なので、人は無意識にその背景にあるパターンを学習していくのだ。こうして無意識のうちに成される行動がその人の習慣や習性になっていく。「もはや問うまでもないこと」を人は学習を通して無数に獲得し、その集積がその人のものの見方や価値観、ひいては性格や人格になっていくのだ。

学習プロセスを論理的階層性に区切って見ていくことで、どの学習の進展や成果、あるいは捻じれや停滞が、どのレベル(階層)で起こっているものかを見極めることができる。ベイトソンは、この学習の階層性を「学習とコミュニケーションの論理的カテゴリー」という論文にまとめた（『精神の生態学へ 中』に収録）。「ベイトソンの学習I・II・III」「学習階型論」として、後に精神医学や教育学等に幅広く援用された考え方だ。学習における「変化」の段階を抽出したものであるとも言える。簡単に要約しておこう。

ゼロ学習：ひとつの反応が決まり、修正させることがない。変化のない世界
学習I：所定の選択肢群のなかから適切な解を選び取れ、その選び方が変化する
学習II：選択肢群そのものを修正し、コンテクストのくくり方が変化する
学習III：選択肢群が置かれている世界像そのものを問い直し、問題の枠組み自体が変化する

学習Iは、「パブロフの犬」（ベルを鳴らして餌をやると、犬はベルがなっただけでよだれを垂らす）に代表されるような、条件付けによる慣れの現象である。チャイムが鳴ったら席につく、というのは、このレベルの学習。反復練習で簡単な問題が解けるようになるのも、ここだ。与えられた問いを与えられた指示通りにこなすが、そこに試行錯誤が含まれている。通常人が生きていれば、子どものつかまり立ちからビジネスパーソンの営業トークにいたるまで、試行錯誤とその工夫が伴う。「ゼロ学習状態」では、試行錯誤が発生しない。刺激

を受けて返すだけで、何も変化をしない状態だ。

学習Ⅱは、学習の仕方自体を学習するレイヤー。前述の「第二次学習」にあたる。学習すべき対象そのものではなく、学習の対象が置かれているコンテクストを学習する。習得したコンテクストの扱い方をアナロジーによって他の領域の考え方に転用できるようになるので、他の学習対象に応用することもできる。学習Ⅰ以降は試行錯誤が伴うものだが、学習Ⅱではその試行錯誤自体が学習の対象になる。ゲームのルールを学習することで、そこにある選択肢そのものを修正できるようになっている状態だ。

私たちの勉強や仕事や生活全般は、学習Ⅱ（第二次学習）の成果によって組み立てられていると言っていい。そしてこの学習の反復の中で、人それぞれの好みや性格、価値観や慣習を獲得していく。それはその人の軸となる美意識や価値観や信念にもなり得るし、世界をありのままに見ることを阻む思い込みや固定観念や偏見にもなる。

人は、無意識のうちに自分の正しさを自分で証明するような「現実」を見出し続ける傾向にある。第二次学習（学習Ⅱ）によって一度獲得した価値観や世界観は、自分で設定しているフィルターを通して外から入ってくる情報（「意図せず選別している情報」）によって強化される一方なので、その信念は生涯を通じて変わらないまま維持されることのほうが多い。長じてから意識的に学び取ったことばかりでなく、物心つく前に獲得したものも根深く残る。「三つ子の魂百まで」だ。そうして人は自分と世界の関係を安定させる一方で、獲得した世界認識に自分自身を縛り続けることになる。「〝私〟とは、学習IIの産物の寄せ集めである」とベイトソンは言う。

その世界認識から脱しようとすれば、学習IIの領域からいよいよ次のレイヤーに踏み出す必要があるのだけれど、人が学習IIから学習IIIへ移行するのは、そう簡単なことではない。

学習IIで〝身に染み付いた〟前提を引き出して問い直し、変革を迫るのが学習IIIである。

『精神の生態学へ（中）』グレゴリー・ベイトソン（岩波書店）

習慣の束縛から解放されるということは、〝自己〟の根本的な組み換えを伴うことでもある。この学習IIIへのパラダイム変化は、日常のなかにそうそう転がっているものではないのだが、ひとたびここに差し掛かるとたいへん大きな精神の跳躍を見せることがある。精

神的な病からの回復や宗教における悟りといった契機も、この学習Ⅱから学習Ⅲへの移行が起こった状態だ。

吉と出るか凶と出るか?!「ダブルバインド」の威力

私たちはたいてい、人生のほとんどの時間を学習Ⅱの成果の中で生きている。自明のこととなっている社会的常識の中で、それぞれ自分に課せられた使命や課題をなんとかクリアしながら、今日より明日をよりよくしていこう、という世界認識の中で努力を重ねている。前提となる世界認識に疑義を挟まなければ、慣れ親しんだ学習Ⅱの世界でうまくやっていけば事足りる。

ただし時に、その前提自体が覆ることがある。もしくは、学習Ⅱで構築された世界像に疑問を抱き、そこから脱して別次元のステージに移行すべきとの覚悟を決めることもあるだろう。あるいは意図せずして、雷鳴の一撃のような気づきに見舞われることもある。

学習ⅡからⅢへのトランジットでは、何が起こっているのだろうか？ ベイトソンは、学習Ⅲの段階に入った人や組織の特徴として、以下のポイントを挙げている。ベイトソンの言葉は通常意識しないような意識のメタレベルを捉えているものが多いために、一読では少々わかりにくい。少し補足もしながら紹介するので、自分や身の回りのチームにも同じような性質がないか、思い浮かべてみながら目を通してみていただきたい（太字がベイトソンの言葉、「↓」以降が著者補足）。

学習Ⅲの段階に入った人や組織が獲得している性質

a. **学習Ⅱのカテゴリーに入る習慣形成を、よりスムーズに進行させる能力や構えの獲得**
↓自分がどういう状態でいたいかを自覚的に選択して、その状態にスムーズに入れる。

b. **起こるべき学習Ⅲをやりすごす抜け穴を、自分自身でふさぐ能力の獲得**
↓現在置かれているコンフォタブルゾーンに戻らないよう、自分に禁止を出せる。自分はここにとどまっていていいのか？ を常に問い、易きに流れる抜け穴を自らでふさぐ。

c. **自分が無意識的に学習Ⅱをなしえる、そして実際行なっているという理解の獲得**
↓自分の思考や認識について客観視し、自分自身の反応のクセを自覚している。本来の目的は何か？ を常に問える。

d.学習Ⅱの発生を抑えたり、その方向を自分で操ったりする方策の獲得

↓無自覚な習慣（学習Ⅱの産物）に戻ることを自分に禁じ、自覚的に選択し続ける。このやり方で本当にいいか？　を常に問える。

e.Ⅱのレベルで学習される学習Ⅰのコンテクストの、そのまたコンテクストについての学習

↓自分が取り組んでいることに対して「何を目的にこれをしているのか？」という「メタコンテクスト」、更に「なぜその目的は生まれてきたのか」という、そのメタコンテクストを生じさせている「メタ・メタコンテクスト」を取り扱える。

『精神の生態学へ（中）』グレゴリー・ベイトソン（岩波書店）

学習Ⅲの段階に入った人や組織は、自分の状況をより大きな視点で捉え、常に問い直しを起動できる状況にあると言える。世阿弥の「離見の見」が思い出される。「離見の見」とは、演ずる者が自分の身体を離れた客観的な目線をもちながら、あらゆる方向から自身の演技を見る意識のことをいう。自分自身の思考を客観視し、習い性となっている考え方に戻そうとする力に抗おうとしなければ、人は学習Ⅱの世界にとどまり続ける。

学習IIIの世界への突破口はなんだろうか。もう一歩踏み込んでみると、ベイトソンは、学習IIから学習IIIへの移行にはたいていの場合、「ダブルバインド」と呼ばれる状態を伴うという。

「ダブルバインド」とは、もとは統合失調症の研究の中でベイトソンが発見したコミュニケーションの状態のことを言う。あるふたつの相矛盾するメッセージを受け取って、出口を見いだせなくなる状態、「呪縛的な、何をしても〝勝てない〟状況」だ。

ダブルバインドは、「トラウマ」のような衝撃的な一度の体験のようなものではなく、知らず知らずの内に受け入れている、繰り返し現れる二重拘束状態である。

たとえば親子などの逃れようのない緊密な関係の中で、「あなたは間違っている」と叱責されたとする。行いを改めようとしたところ、「いつもそうやって親に従う。そんな弱いことでどうするの？」とまた叱責される。そのように受け取るメッセージが、内容とコンテキストで矛盾するような場合、そしてその状況から逃れられない場合に、人はダブルバインドに陥り、悪くすると自我が崩壊して統合失調の症状をきたすことがある。

ここでより高次の認識に向けて視点の抜け道を見つけ出せた場合に限り、それらの矛盾するコンテキストを更に大きく包むコンテキストへと抜けて出ることができる。

ベイトソンは、ダブルバインドの好例として、禅の公案を紹介している。

師が弟子の頭上に棒をかざし、厳しい口調でこう言う。「この棒が現実にここにあると言うのなら、これでおまえを打つ。この棒が実在しないと言うのなら、これでおまえを打つ。何も言わなければ、これでおまえを打つ」

『精神の生態学へ（中）』グレゴリー・ベイトソン（岩波書店）

棒がそこにあるかないかという二者択一にはまり込んでいる間は、弟子はダブルバインドから逃れることはできない。この状況をひとつメタな視点から見れば、師から棒を奪い取るという別の次元の策に出ることもできる。修行を積んだ禅僧であればここに抜け出ることもできるかもしれないが、長年矛盾したメッセージ下に置かれた者がその索に思い至り実行するのは至難の業だ。

逆に、自分の置かれたコンテクストを抜け出してより広い視野から新たなコンテクストを手に入れられると、世界がまるごと変わるような、学習Ⅲのステージが開けることがある。提示された問題を解くことに注力する段階が学習Ⅱだとすると、学習Ⅲは問いそのものをつくり出すことが思考や活動の中心になる。手持ちの道具では太刀打ちできないような、一筋縄ではいかない状況に出くわしたとき、またそこから容易に逃げ出すこともできないときに、人は学習IIIへのジャンプ台に片足をかける。

教室にカニを置いて「この物体が生物の死骸であるということを、どうやって説明する?」というベイトソンの問いは、学生たちの手持ちの思考の道具を無効化する。自分自身でいくつもの問いを作り出さなければ、考えを進めることもできない状況だろう。自ら問いをつくり出す感覚を小さくとも重ねておかないと、いざ学習IIIへのジャンプ台にたつような場面で思い切った跳躍ができるようにはならない。自らの置かれた状況を問う「メタ問い」を自分に投げかけることができなければ、世界認識の崩壊に向けて転がり落ちるばかりになる。

学習IIから学習IIIへのジャンプは、ベイトソンによれば「試みるだけでも危険をともなう」ものだが、うまく運べば、学習IIで習得されたことの多くが一度崩壊する形での、矛盾からの脱出への契機にもなる。

学習IIIが、きわめて創造的に展開した場合、矛盾の解消とともに、個人的アイデンティ

ティがすべての関係的プロセスのなかへ溶け出した世界が現出することになるかもしれない。

『精神の生態学へ（中）』グレゴリー・ベイトソン（岩波書店）

学習Ⅲによって開ける世界は、どうも学習Ⅱからの連続にある景色ではないようだ。ベイトソンはこう続ける。

この宇宙的な相互作用のエコロジーと美のなかで、生存が成り立つこと自体、奇跡的と思えるが、このレベルにのぼりつめた人はおそらく、経験の微細なところに意識をフォーカスする術を身につけるなどして、大洋的感覚へ溺れゆくことを食い止めているのだろう。微細なディテールの一つひとつから、世界全体の姿が表れ出る。

『精神の生態学へ（中）』グレゴリー・ベイトソン（岩波書店）

そして、詩人のウイリアム・ブレイクの一編の詩に、学習Ⅲに特有の風景としてその世界像を託している。

ひとつぶの砂に世界をうつし、
いちりんの野の花に天国をのぞき見るには、
かた手のひらで無限をつかみ、
ひとときの中に永遠をとらえよ。

『精神の生態学へ（中）』グレゴリー・ベイトソン（岩波書店）

「よく見れば薺花咲く垣根かな」である。

さて、現代における「現実」は、疑いなく適応するに値するものだろうか？　学習IIにとどまるとはそういうことである。意識的にそこを脱しようとせずとも、わたしたちはいとも簡単に、また必然をともなって、この社会を生きる中でダブルバインド状況に陥る。

今私たちは、表面的には変わらないようでいて構造的には大きく変化していく社会的文脈の中に巻き込まれながら生きている。無意識のうちに獲得している価値観や習慣が、その相矛盾するコンテクストの捻じれの中で引き裂かれていく。そこを自覚できずにいれば、自己の中に相矛盾するコンテクストを抱え持たざるを得なくなり、自己免疫疾患のように自らの精神に攻撃を与えることにもなりかねない。

混沌に陥るか、感覚を殺してやり過ごすか、創造的に学習Ⅲに移るか。

「問いの編集力」が到達する究極のステージは、学習Ⅲへの跳躍にあると言っていい。自分を規定している世界認識を、自分自身で問い直し新たなパラダイムに抜けて出られる力だ。ただベイトソンも指摘しているように、それは個人の中に閉じた技能や力量ではもはやない。環境との相互作用の中で起こりうる、場合によってはアイデンティティを溶かし出すほどの転換である。環境との相互作用に自分自身を委ね、世界と自分の関係ごと編集しなおせる力。「問いの編集力」は、「問いによってメタコンテキストを自由に編集できる力」であると言える。

21世紀という時代を生きる私たちが、類として獲得している学習Ⅱの正体は、いかなるものだろうか？　かならずしも整合性がとれているわけではないこの社会の中で、「常識」とされているコンテキストに適応するよう、私たちは子どもの頃から訓練される。ゆがみやひずみが矛盾をはらみ、あちこちにダブルバインドの罠がある。好むと好まざるとにかかわらず、学習Ⅱだけでは限界を迎える世界に、私たちはすでに乗り出しているのだ。

暴走する世界の中で

「メタ問い」を抱えて見渡してみれば、
私たちはすでに抗いようのない
大きな流れに巻き込まれているようだ。
「問う」ことは、その中で自分自身として
生きるための命綱になる。

循環するフィードバック

ショシャナ・ズボフが指摘したように、現代社会は情報資本主義から今や監視資本主義へと移行し、その流れも速度も止まる気配はない。あらゆる商業的な機会が、もっと速く、もっとスムーズに、もっとあらゆる隙間に滑り込もうとしている。この流れを推し進めているのは、どこかの絶対的な支配者ではない。ズボフはこの状況に対して、「監視資本主義と道具主義が形成した情報文明は、人間の本質（ネイチャー）を犠牲にして繁栄し、いずれは人間性を犠牲にする」と警鐘を鳴らしたのだ。同じく先に紹介したビョンチョル・ハンの言う「情報パラドックス」とは、こういうものだった。

情報体制では人びとは自分が自由であると思いこんでいるのだが、ほんとうに自由なのは、人間ではなく情報である。情報社会のパラドックスとは、人間が情報に囚われているることである。人間はコミュニケーションし、情報を生産することで、自分自身を拘束する。デジタルな監獄は透明である。

『情報支配社会 デジタル化の罠と民主主義の危機』ビョンチョル・ハン（花伝社）

それぞれが自由にふるまうほどに、それぞれから自由が奪われていく。もはやだれかの意図ではなく、社会というシステムがそのような振る舞いをする性質のものだと考えたほうがいい。

先述のベイトソンは、こうしたシステムの暴走状態を、精神の状態にも社会の動きにも同様のパターンがあると見た。心的システムや社会システムとして見ると、いずれも情報のふるまいがつくり出す自動制御システムとして見ることができる。

たとえば、蒸気機関にはガバナーと呼ばれる調速器がついているが、この部品が蒸気機関システムの全体を制御しているのではない。ガバナーは、機関の今現在の作動速度と理想の作動速度との「差異」を情報として受信し、その差異情報をエンジンやブレーキに伝える役割を果たしている。そしてガバナー自体も、システムの他の部分の動きによって制御される。

室温設定がされたエアコンも、設定温度よりも温度が下がれば加熱に向けてシステムが作動するし、温度が設定を上回れば自動的にストップがかかる。過去の結果がシステムにフィードバックされ、新たな情報として回路をめぐってまたシステムはあらまほしき状態を維持するようになっている。システムが暴走状態に入るのは、このフィードバックが一方向に偏るときだ。

アメリカの数学者ノーバート・ウィーナー（1894-1964）は、生物の動きと機械における制御と通信の仕組みを一緒くたに見る見方として「サイバネティクス」を提唱した。精神とコンピューターを「フィードバック」の機構によって読み解こうとする、分野横断体な科学理論である。ギリシア語の「舵手（kybernētēs）」という言葉から着想を得たウィーナーの造語だが、自らの進行方向によって舵を取りまたその舵によって進行方向が決まっていく、舵手の動きに「フィードバック機構」の起源があると見た。

機械の制御機能、人間の神経系、言語やコミュニケーションから社会システムにいたるまで、その適応範囲をたいそう広く捉えたシステム観で、後世にたいへん大きな影響を残した。サイボーグ、サイバースペース、サイバーパンク、サイバーアタックなどはすべて、この「サイバネティクス」から派生した言葉だ。

フィードバックとは、機械であれ生物であれ社会であれ、システムがなんらかの動作をした際に、そこで起こった反作用（結果）を取り込むプロセスである。

フィードバックはいたるところで起こっている。たとえば今この本のページをめくろうとするときに、紙に手をかけてそのつかみ具合によって次の動作が決まる、というのもフィードバックによるシステム制御なのだ。システム（読書という行為）の入力（紙のつかみ具合）と出力（ページをめくる動作）のあいだを自動制御しているのがフィードバック機構である。第1章の「アフォーダンス」のところで触れた「マイクロスリップ」もまさに、フィードバックを伴う自己修正回路の現れである。

グレゴリー・ベイトソンは、このサイバネティクスという考え方を更に進めて、より大きな全体の循環構造として捉えた。「私」が「本」を「制御」しているのではなく、私・本・指先・紙……というシステム全体の動きとして見る。木こりの話（↓p.44）を思い出してもらいたい。

「自己（self）」というものを、通常私たちは皮膚に区切られたこの個体であると捉えているけれど、環境とのフィードバック・ループの中で、自己の境界というのはその文脈に応じて常にゆらいでいるのだ（↓ウチソト問題p.54）。

このフィードバックによって自律的に動くシステムでは、取り込んだ情報は次の動作に活かされる。ウィーナーは、システムをすべて「フィードバックの系」であると捉え、そこに出入りするものはすべて「情報」とみなした。

ベイトソンはこうした「情報」を「違いを生む違い（a difference which makes a difference）」であると定義している。つまりは、システム内のある要素のはたらきに生じた変化（＝違い）が次の変化（違い）を生む。この動的な生きたシステムに見られる最小単位の要素が「情報」なのである。「情報」は常に何らかの形に「編集」されていて、そこからまたいかようにも「編集」されうる。「問いの編集力」とは、自動運転しているシステムに関与していく手段であり、システムに自ら揺らぎを起こす能力であるともいえる。

流れに「句読点」を打つ問い

このフィードバックは正と負の二種類に区別される。「ポジティブ・フィードバック」と「ネガティブ・フィードバック」だ。「ポジティブ・フィードバック」は、現状を強化する方向に向かう。変化を促さずにひたすら同じ方向に事態を進展させるため、やがては制御不能になってシステムを破綻させる。一方「ネガティブ・フィードバック」は、方向転換してシステムを維持する方向に切り替える。エアコンの設定温度よりも室温が上回ると温度を下げる方向に制御が転化するのは、「ネガティブ・フィードバック」による働きだ。

心的システムも社会システムも、ネガティブ・フィードバックを発動するガバナーが機能しなければ、時間の経過とともに歪みを増していく。反射的反応は、ポジティブ・フィードバックとなり、システムをさらに暴走させる。

人々の欲望は、時にネガティブ・フィードバックの効かない「耽溺《たんでき》（addiction）」状態に自らを導く。お金が集まるとさらに集めたくなる。評価を得るとさらに評価が欲しくなる。権力はさらなる権力を求め、欲望は次の欲望を生み出す。資本主義は、一種の「耽溺」を餌にして肥大化してきた。

耽溺状態にあると、システムは膨張のスピードを持続させることに夢中になってしまう。元はなにかの成果として生まれた一時的な革新が、システム全体がその革新に適応するにつれて部分の適応も加速し、次第に後戻りできなくなっていく。ある部分で益だったものが、より大きなコンテクストの中で禍になっていく。ネットの炎上やいじめも、依存症やバブル経済も、過度の受験戦争やルッキズムも、ネガティブ・フィードバックを欠いた暴走するシステムと見れば、不可解な自己肥大もうなずけるだろう。

「問い」は、暴走するシステムの中でネガティブ・フィードバックの役割を担う。眼前の流れに句読点を打ち、一筋の変化の流れを生み出すものだ。自分自身を暴走する社会の中で耽溺させないために、むしろその流転の渦をつかってより自由な状態に自分を持ち上げるために、「問う」というガバナーを手放してはいけないのだ。

自己の時を刻む

人間と社会のあいだのひずみは、「時間」において顕著に現れ始めている。なにもかもがどんどん速くなる現代において、私たちは時間という資源をどう扱おうとしているだろうか。テクノロジーがもたらすスピードは、人間が生き物として内包しているバイオリズムととっくに折り合わなくなっている。そのズレに人間の身体を対応させるために、さらにナノテクノロジーや遺伝子工学がかぶさって、今度は人間の側のリズムがテクノロジー社会に適応させられる。技術と欲望のポジティブ・フィードバックの連鎖が、世界全体を加速主義へと導こうとしている。

テクノロジーによって何もかもを手に入れたように見える私たちの生活は、「時間」という人類共通の制約条件において抗いがたいダブルバインドにはまり込んでいるようにも思える。人類の心身に刻まれている内的時間と、この四半世紀で情報化社会がつくり上げた高速を目指す外的時間は、異なるコンテクストにあって、ひとりの人間の中で半ば暴力的に共存しようとする。その捻じれを吸収するのは、ほかならぬ私たちの生の精神なのだ。

放っておけば、暴走する時間の渦に巻き込まれたままになる。「欧州の知性」と称されるフランスの経済学者ジャック・アタリ（1943-）は、『時間の歴史』という著作において、人間と時間の奇妙な共謀関係を丹念に描き出している。古代神々と自然のものであった時間は、やがて人間が管理するものとなり、テクノロジーの発展とともに人間を支配するものとなった。時間に使われるのか、時間を使うのか。今日重大な危機に身を置く人類は、その選択の前に立たされているという。

各人が固有のリズムを規定し、他者によって作られた時間を買うよりも、自らの手で創り出すことを選ぶ〈自己の時〉を創造しなければならない。つまり、他者の時に沿って押し流されるよりも、自己の時を生き、他者の機械によって繰り返される音楽を聴くよりも、自分自身の音楽を演奏することが望ましいのだ。

『時間の歴史』ジャック・アタリ(筑摩書房)

「自己の時を生きる」とは、何に注意を向けるかを自分で選び切るということだ。その注意の矛先を先導するものが、絶えず内発する問いの群れなのである。つまり、自ら問うことを放棄すれば、他人の時に流される以外にない。誰にも限りある普遍的な時間という資産と、拡張し続ける情報量の非対称性は手に負えない。小手先の「タイパ」など、もはや焼け石に水なのだ。

誰にも時間は貴重だ。限られた時間の価値を最大化したいという気持ちは、人間がよりよく生きたいと願う欲求にかなっている。しかし、その「価値」とは何なのかというところで思考を止めてしまっては、自分の大切な資産配分を他者に預けることになる。「タイパ」というものがあるとしたら、時間への関与によって自分にとっての人生の価値を上げることにほかならない。問うべきは「時間あたりの生産性」ではないはずだ。「生産性」には、誰かの価値基準が介在する。他者の問いに答え続けるには、人の一生にはあまりに時間が足りない。

「問う」ということは、ほんの少し時間を止めることでもある。時間を止めて、自分の話に聞き入ることだ。聞くことで、そこにまた「問い」が生まれる。

ミヒャエル・エンデ（1929-1995）が遺した『モモ』は、「時間泥棒」との闘いを描いた物語だ。「灰色の男たち」に急き立てられて誰も彼もが時間を節約する。全編が貨幣経済の暗喩になっている。「いったい私たちは何を何のために削っているのか」という、現代社会への痛烈な問いでもあった。

主人公のモモは何も持っていない子だったし、これといった特技があるわけではないけれど、町の人々はみなモモに会いたがった。モモには、人の話をじっと聞く力があったのだ。モモに話を聞いてもらうと、人は不思議と自信や尊厳を取り戻していく。だから困っている人に会うと、町の人々は「モモのところに行ってごらん！」と呼びかける。

この「モモのところに行ってごらん！」は、ひととき時間をとめて内側の小さな静寂に耳を澄ませてごらん、というエンデからのメッセージだったかもしれない。

誰の中にも、「小さなモモ」が棲んでいる。そっと自分の話に耳を傾けるモモが、息を潜めてどこかにいるのだ。自分自身に対して堂々と問いを表明する勇気と自信、そして自分は問うに値する存在であるという尊厳を、内なるモモと共に取り戻そう。

「でもどうやって？」と思ったら、また第1章に戻ってみてほしい。今ならきっと、「あ！」と思うことがたくさんあるはずだ。

おわりに――「問う人」として

古い問いを拒絶する

人はいかにして問うのか――、「はじまりは疑問」のはじまりを目指した旅路は、散策のあとに明るく開けた景色に出たと思うとまた見通しの効かない藪の中に入るような、思う以上に入り組んだ道のりをたどるものとなった。人間の想像力の領域には、まだまだその全容が明かされていない仄暗い場所があるのだろう。その奥が気になるのぞき穴に出くわす度に次々と湧き出る問いを、心の「問い箱」におさめつつなんとか書き進めた道筋であった。

古代、世界各地で地理的条件を克服すべく文明が生まれ、ブッダやプラトンやゾロアスターや荘子などが「世界とは何か、人間とは何か」を一斉に問うた時代から、宗教を継ぎ、社会を構成し、技術によって生活を一新し、地球規模で経済を回すようになるまで、幾千年ものあいだ人間は「問う」ことに多くのエネルギーを費やしてきた。いやもっとその前の言語を持たない時代から、「問い」は人類の営みに何らかの形で組み込まれていたはずだ。人間の「問う」力の不思議を前に、これまで私たちの祖先が発してきたすべての問いに頭を垂れたくもなる。私たちは、それらの問いの延長線上に生きて、次の問いを待たれている存在なのだ。

アメリカのスザンヌ・ランガー（1895-1985）という哲学者が書いた『シンボルの哲学』という著作がある。「シンボルを操作する力こそ人間と動物を区別するものである」というテーゼのもと、言語・宗教・音楽・美術・神話といった人間の創造物におけるシンボル機能を、実に自在な角度から点検した記号論の古典だ。1942年に書かれたものだが、人間のシンボル変換力という根底的な問題設定は、現在のAIのような先端テクノロジーを考える上での示唆にもなるものだと思う。

その内容もさることながら、この哲学者の「問い」への態度に励まされたことが、本書を書き進める上での勝手ながらのエールになっていた。ランガー女史の言葉を、少し抜粋しておきたい。

「哲学における決定的変化とは、既存の問いに対する答えの変化ではなく、問われる問いそのものの変化である」
「ソクラテスは、『どの答えが真か』ではなく、『真とは何か』と問うたのである」
「さまざまな問題が、ある時代に固有のものとなるのは、それが何についての問題であるかではなく、それらの問題がどう扱われるかによるものである。新しい哲学は、古い問いを解決するのではなく、拒絶するのである」

『シンボルの哲学』スザンヌ・ランガー（岩波書店）

この「古い問いの拒絶」への勇気こそが、「問いの編集力」を根底で支えるものである。ベイトソンの「学習Ⅲ」はまさに、目前に提示された古い問いへの拒絶と問い直しによって現前する風景であった。いかに（how）その目的にたどり着くか、ではなく、なぜ（why）それが目的だと信じられているのか。そこを越えてなに（what）を真の目的にすべきなのか。問いの編集力を鍛えることによって、この階段を昇る脚力が身につく。すくなくとも、そこを昇る道筋を選択肢の一つとして持っておくことができるようになるのだ。

組織からの要請であっても、学校のテスト問題であっても、それを「古い問い」だと思うのであれば、私たちはその類いの問いを「精神において」毅然と拒絶することができる。現実問題として対処すべき問いには石ころをひょいと跨ぐように答えつつも、精神をそこに従属させることは拒んでもいい。すぐには変わらない社会の中にあって、自分の内面では幾層にも問いを分節化し、真に答えるべき問いを選別し、選べる問いがなければ自らつくりだす権利と責任がある。つまるところ「問い」の力を内側に蓄えるのは、自らの哲学を発動する自由を確保するということである。それはつまり、生きるためのオールをしっかりとこの手に握るということなのだ。

「はじまりは疑問」に戻る

本書の構想は、実は2021年に始まっていた。書き上げるまでに3年近くを要したのはほかならぬ著者の力不足によるものではあるが、実はしばらくのあいだ今ひとつ確信を持ちきれずにいた。『問いの編集力』という本が世に出るべきだという確信、と言えばいいだろうか。6割方書き上がったところで、さてこれをどこに向けて仕上げていこうかと、半ば迷子になってしまっていた。

2023年10月から2024年3月にかけて開催した「Hyper-Editing Platform［AIDA］」が、ひとつの契機になった。松岡正剛が座長を務め、各界からゲストを招いてその時々のテーマについての思索を深めていく、ビジネスリーダー向けの塾である。2005年に三菱商事とリクルートの声がけのもとに始まった「Hyper Corporate University［AIDA］」が前身となり、2020年コロナ禍の時流にも後押しされる形で「Hyper-Editing Platform［AIDA］」として大きくリニューアルした。以来、期を重ねるごとにボードメンバー、ゲスト、受講者のネットワークが拡張している。

その4期目となるシーズン4「意識と情報のAIDA」において、グレゴリー・ベイトソンの思想を軸に「意識と情報」をめぐるプログラムを組み立てた。メディアアーティストの落合陽一さんとベイトソンの訳者である米文学者の佐藤良明さんを招いての「ベイトソン合宿」で、『精神の生態学へ』を現代社会の文脈で捉え直すという機会を得た。ふたりのゲストとボードメンバー（この回には佐藤優さん、田中優子さんが参加）、松岡正剛座長が総動員で、ベイトソンのフィルター越しに現代からこのあと来たる時代を見据えた。

世界と自分はつながり合うひとつの精神であると見れば、この混沌として手が付けられないようにも見える現代社会にも、そこになんらかの秩序が見えてくる。ベイトソン流に言えば、「つながり合うパターン」だ。本書でも紹介した「学習階型論と学習Ⅲ」を考える中で、「内発する問い」だけが学習Ⅱから学習Ⅲへの跳躍を可能にする、という「精神の風景」のようなものがありありと見えてきた。これが「問いの編集力」を考える必然性への「不意の確証」となり、「今すぐ書き上げねば」という気持ちになった。自ら問うことを可能にする「問いの編集力」は、人間だけが持つ宝物のような力なのだ。

「なぜ『問う』という行為を本一冊分かけてまで考えるべきなのか」という本書が内包している問いは、当初は自分の直観と言語化しきれない使命感のようなものに基づくものだった。それがベイトソン合宿を経て確信に変わり、そこからは、最初の「はじまりは疑問」への解になるものに向けて、ひたすらにアブダクションを繰り返したと言っていい。この本自体が、「問いの編集力」のプロセスを経て形になったものでもある。

精神という大きなシステムとして自分と社会を見れば、そのシステムの安定において「問い」は不可欠な要素なのだ。モリス・バーマンが訴えたように、デカルト的パラダイムでは対応不能な大きな渦の中に世界が投げ込まれている。今や私たちは、どこを見回しても要素還元がきかない世界を生きている。古い問いを決然と拒絶し、新たな問いを絶え間なく生み出す力が、そのまま生きる力となる。

なぜ「問い」を「問う」のかといえば、もはや「問うことが仕事になるから」という話ではないのだろう。自分の生を生きる上で、「問う力」は呼吸するように必要なものなのだ。

◆

師・松岡正剛からいただいた数知れない学びなくしては、「問いの編集力」という着想にすらたどり着けてはいない。松岡正剛の知と方法には、その精緻なフィルター越しに数千年の時空を経て先達の知の格闘が届いている。それはそれは、気の遠くなるような人類の思想と知性の痕跡だ。その一切が「編集工学」として組み上げられ、今も多くの弟子たちに届けられている。むろん私もそのひとりで、どれだけの道のりをショートカットさせていただいているかわからない。松岡正剛とその知的激闘を受け継ぐ仲間たちに、心からの感謝を申し上げたい。

本書を書き上げるにあたっては、前作『才能をひらく編集工学』でもお世話になったディスカヴァー・トゥエンティワンの堀部直人さんに、実に根気強くお付き合いいただいた。途中で退職し新天地での活躍が始まって以降も、ディスカヴァー・トゥエンティワンの伊東佑真さんと共に引き続き編集パートナーとして本書の執筆動向を見守り続けていただいた。『問いの編集力』の必然性を、ともすれば私以上に確信してくださっていたおふたりの後押しなくしては、本書は生まれ出ることができなかったと思う。

「問う」という人間の特権を、私たちはどこにつなげていけるだろう？　この新たな問いを抱えながら、問いの旅路はまだまだ続く。その道中で出会うであろうすべての人々と御縁に、あらかじめお礼を申し上げたい気持ちである。

2024年7月1日　安藤昭子

ちょうどこの本の初校ゲラに手を入れているときのことだった。2024年8月12日、松岡正剛が亡くなった。

ここ数年は肺癌を患い手術や入院をしたものの、退院すればすぐに仕事を始め、苛烈な集中力ですさまじい量の執筆をこなしていた。2か月ほど前に肺炎を患い療養を続けていたが、読むこと・書くことを最後までやめない松岡正剛らしい日々の中で、80年の「一編集者」人生を全うし、旅立った。

本書のテーマである「内発する問い」について、数年前に一度松岡さんに相談をしたことがある。「はじまりは疑問」はどうするとはじまるのか、という当時自分が抱えていた問題について話をすると、「うーん、そこは難しいんだよね」と言ってしばらく考えておられた。そして、情報の対称性が破れる必要があること、そこには「数寄」が関与していること、その現場はつねにごく小さな断片であろうこと、マイケル・ポランニーを再点検するといいことなど、いくつかの示唆をいただいた。

「僕はずっと問いをつくる側にまわってきちゃったから、問いを生み出す編集力についてはちゃんと組み立ててこなかったんだよね」と言い、「そこは次の世代で頼むよ」とニコリとされた。

その後も時折、「どう？　なにか発見した？」と「問いの編集力」についての雑談に付き合ってくださり、そのたびに本書の構成に手を入れていった。

あるとき、「もう松岡についてはことさら言及しなくていいからね」と言われたことがある。どういう意味だろうと返答に困っていると「朝食べたものの話をいちいち人にしないでしょ？　同じことです」とのこと。「あなたの中にはね、もう十分に入ってますよ、僕が」と言って、愉快そうに笑った。思い切って先に進め、と強く背中を押していただいたのだろうと思う。以来、見る景色が少しずつ変わっていった。その新しい歩みの中で、本書は仕上がっていった。

編集部に無理を言って、校了目前のこの時期に、こうして松岡さんに寄せた最後の原稿を書かせていただいている。残念ながら、完成した本書を見ていただくことはできなかったけれど、ご本人の言葉の通り、松岡正剛自身が本書のいたるところに織り込まれていることを、ここで改めて読者のみなさまにお伝えしておきたいと思う。

すばらしいメッセージを寄せてくださった落合陽一さんと佐渡島庸平さんの言葉も、数日の差で報告が間に合わなかった。このお二人のご活躍には松岡さんも折りに触れ注目し応援もしていただけに残念はあるけれど、「次の世代」として本書に力を添えてくださったことに、きっと今ごろ嬉しそうに頷いてくれていることと思う。あらためて、感謝を申し上げたい。

最後の最後まで、未萌の可能性に好奇心を燃やし、その壊れやすい状態ごとなにかにあらわそうとし続けた一編集者としての生涯に心からの敬意を表するとともに、この場を借りて天上の師へのご報告とさせていただきたい。

松岡さん、ありがとうございました。

2024年8月25日　安藤昭子

参考文献

第一章

デイビッド・モントゴメリー『土の文明史』片岡夏実訳（築地書館：2010年）
スチュアート カウフマン『自己組織化と進化の論理 宇宙を貫く複雑系の法則』米沢富美子ほか訳（筑摩書房：2008年）
木村敏『時間と自己』（中央公論新社：1982年）
西田幾多郎『西田幾多郎キーワード論集（エッセンシャル・ニシダ 即の巻）』（書肆心水：2007年）
松岡正剛『千夜千冊エディション 戒・浄土・禅』（KADOKAWA：2022年）
西田幾多郎『善の研究』（岩波書店：1979年）
松岡正剛『[増補版] 知の編集工学』（朝日新聞出版：2023年）
モリス・バーマン『デカルトからベイトソンへ――世界の再魔術化』柴田元幸訳（文藝春秋：2019年）
グレゴリー・ベイトソン『精神の生態学へ』上・中・下巻 佐藤良明訳（岩波書店：2023年）
グレゴリー・ベイトソン『精神と自然 生きた世界の認識論』佐藤良明訳（岩波書店：2022年）
松岡正剛『千夜千冊エディション 情報生命』（KADOKAWA：2018年）
佐々木正人『新版 アフォーダンス』（岩波書店：2015年）
佐々木正人『アフォーダンス入門 知性はどこに生まれるか』（講談社：2008年）

松岡正剛『千夜千冊エディション 編集力』（KADOKAWA：2019年）
Apple Developer（https://developer.apple.com/videos/play/wwdc2018/803）
佐々木正人『あらゆるところに同時にいる アフォーダンスの幾何学』（学芸みらい社：2020年）
エドワード・ホール『かくれた次元』日高敏隆ほか訳（みすず書房：1970年）
オギュスタン・ベルク『空間の日本文化』宮原信訳（筑摩書房：1994年）
ニック・レーン『生命の跳躍 進化の10大発明』斉藤隆央訳（みすず書房：2010年）
松岡正剛の千夜千冊1177夜 瀬名秀明・太田成男『ミトコンドリアと生きる』
帚木蓬生『ネガティブ・ケイパビリティ 答えの出ない事態に耐える力』（朝日新聞出版：2017年）
松岡正剛の千夜千冊1787夜 帚木蓬生『ネガティブ・ケイパビリティ』

第二章

C.G.ユング『連想実験』林道義訳（みすず書房：2000年）
『エッシャー不思議のヒミツ』熊澤弘監修（求龍堂：2023年）
『セレンディップの三人の王子たち ペルシアのおとぎ話』竹内慶夫編・訳（偕成社：2006年）
澤泉重一・片井修『セレンディピティの探求 その活用と重層性思考』（KADOKAWA：2007年）
松岡正剛の千夜千冊1304夜 澤泉重一・片井修『セレンディピティの探求』
九鬼周造『増補新版 偶然と驚きの哲学 九鬼哲学入門文選』（書肆心水：2011年）

第三章

ショシャナ・ズボフ『監視資本主義 人類の未来を賭けた闘い』野中香方子訳（東洋経済新報社：2021年）

ビョンチョル・ハン『情報支配社会 デジタル化の罠と民主主義の危機』守博紀訳（花伝社：2022年）
イアン・レズリー『子どもは40000回質問する あなたの人生を創る「好奇心」の驚くべき力』（光文社：2022年）
編集工学研究所『探究型読書』（クロスメディア・パブリッシング：2020年）
松岡正剛『多読術』（筑摩書房：2009年）
松岡正剛『千夜千冊エディション 性の境界』（KADOKAWA：2023年）
ジュリア・クリステヴァ『記号の生成論 セメイオチケ2』中沢新一ほか訳（せりか書房：1984年）
ロラン・バルト『物語の構造分析』花輪光訳（みすず書房：1979年）
田中優子『江戸はネットワーク』（平凡社：2008年）
田中優子『江戸の想像力 18世紀メディアの表徴』（筑摩書房：1992年）

第四章

ジュール・ヴェルヌ『月世界へ行く（新版）』江口清訳（東京創元社：2005年）
安藤昭子『才能をひらく編集工学』（ディスカヴァー・トゥエンティワン：2020年）
米盛裕二『アブダクション 仮説と発見の論理』（勁草書房：2007年）
パース『連続性の哲学』伊藤邦武訳（岩波書店：2001年）
竹内政明『読売新聞朝刊一面コラム 竹内政明の「編集手帳」傑作選』（中央公論新社：2018年）

第五章

マイケル・ポランニー『暗黙知の次元』高橋勇夫訳（筑摩書房：2003年）

プラトン『メノン徳（アレテー）について』渡辺邦夫訳（光文社：2012年）
岡潔『春宵十話』（光文社：2006年）
岡潔『夜雨の声』（KADOKAWA：2014年）
ユーリア・エンゲストローム『拡張による学習 完訳増補版 発達研究への活動理論からのアプローチ』（新曜社：2020年）
ノーバート・ウィーナー『ウィーナー サイバネティックス 動物と機械における制御と通信』池原止戈夫ほか訳（岩波書店：2011年）
ジャック・アタリ『時間の歴史』蔵持不三也訳（筑摩書房：2022年）
ミヒャエル・エンデ『モモ』大島かおり訳（岩波書店：2005年）

おわりに

S.K.ランガー『シンボルの哲学 理性、祭礼、芸術のシンボル試論』塚本明子訳（岩波書店：2020年）

問いの編集力
思考の「はじまり」を探究する

発行日　2024年 9 月20日　第1刷
　　　　2025年 1 月10日　第3刷

Author	安藤昭子
Book Designer	木下悠
Publication	株式会社ディスカヴァー・トゥエンティワン 〒102-0093 東京都千代田区平河町2-16-1 平河町森タワー11F TEL 03-3237-8321（代表）03-3237-8345（営業） FAX 03-3237-8323 https://d21.co.jp/
Publisher	谷口奈緒美
Editor	千葉正幸　伊東佑真（編集協力：堀部直人）
Store Sales Company	佐藤昌幸　蛯原昇　古矢薫　磯部隆　北野風生　松ノ下直輝　山田諭志　鈴木雄大　小山怜那　藤井多穂子　町田加奈子
Online Store Company	飯田智樹　庄司知世　杉田彰子　森谷真一　青木翔平　阿知波淳平　大﨑双葉　近江花渚　徳間凜太郎　廣内悠理　三輪真也　八木眸　古川菜津子　高原未来子　千葉潤子　金野美穂　松浦麻恵
Publishing Company	大山聡子　大竹朝子　藤田浩芳　三谷祐一　千葉正幸　中島俊平　伊東佑真　榎本明日香　大田原恵美　小石亜季　舘瑞恵　西川なつか　野﨑竜海　野中保奈美　野村美空　橋本莉奈　林秀樹　原典宏　牧野類　村尾純司　元木優子　安永姫菜　浅野目七重　厚見アレックス太郎　神日登美　小林亜由美　陳玟萱　波塚みなみ　林佳菜
Digital Solution Company	小野航平　馮東平　宇賀神実　津野主揮　林秀規
Headquarters	川島理　小関勝則　大星多聞　田中亜紀　山中麻吏　井上竜之介　奥田千晶　小田木もも　佐藤淳基　福永友紀　俵敬子　三上和雄　池田望　石橋佐知子　伊藤香　伊藤由美　鈴木洋子　福田章平　藤井かおり　丸山香織
Proofreader	文字工房燦光
DTP	一企画
Printing	日経印刷株式会社

・本書へのご意見ご感想は下記からご送信いただけます。
https://d21.co.jp/inquiry/

ISBN978-4-7993-3093-7　TOI NO HENSYURYOKU by Akiko Ando